愛しかないじゃん

文庫本のためのまえがき

いったい、この小娘は何をバカなことを書いているんだろう？

そんな考え方には賛同できないわ！

もしかしたら、あなたは、この本を読んでいきながら、ときにはいらつくかもしれません。ときにはおなかを抱えて爆笑するかもしれません。

そう、だって、この本は完璧ではないですもの。

恋愛についてすべてを悟った人は、あまり多くないはず。日々、愛には悩まされるからこのテーマは永遠の課題なんだと思います。逆に恋愛において、すべてを悟ってしまったら、人生、とても退屈になってしまうのではないでしょうか。

この本の文庫化に際して、久々に読み返してそう思いました。

書き上げた数年前と比べて意見が多少変わった面はもちろんあります。しかし、あえて本の内容を大幅に変えない方向性を選びました。なぜなら、この本はいくつかの思想を押しつけるためにあるものではなく、私たち一人一人がリアクションしていくためにあるからなのです。

大切なのは、私の恋愛論ではありません。あなたのリアクションなのです。

どうぞ、最後まで読んでみてください。一行だけでも前向きな発見があったら、幸いです。そして、それをあなた自身の「オリジナル・ラヴ」にアレンジしてみてください。

この本にはメッセージはひとつしかないのです。

愛をもっと大切にしましょう。

泣いて、笑ってもっと大きくなりましょう。

私は少し成長しました。だからこそ、自分の本を読んで反論したり、大笑いもしました。

最終的には笑顔の恋愛がしたいものですね。この本が、ちょっぴりだけでも笑顔の素(もと)になれれば、こんなにうれしいことはありません。

二〇〇三年冬

佐藤絵子

はじめに

恋愛についての〝HOW TO LOVE〟、つまりアドバイスブックはたくさん存在します。

でも、ここではじめにお断わりしておきたいのは、この本はみなさんの「恋愛教科書」ではないということです。

一つには、私自身の恋愛経験を振り返ってみても、その数にしても内容においても恋愛に悩む人を見下して「こうしなくてはならない」「あんなことしてはダメです」（きゃあ、あつかましい！）なんて偉そうなことはいえませんし、いいたくありません。

何よりも思うことは、だって愛にはルールなんてない！　ということです。

これは、フランスと日本の両方の国籍を持ち、フランス的な恋愛観の影響を受けてきた私だけの思い込みでしょうか？　そんなことはないですね。

誰にでも共通する愛のルールなんてありません。

フランス人は生まれたときから恋愛上手ですって？

たとえば、そんな先入観にも最初にノンといっておいたほうがよさそうです。

つまり、私もみなさんと同じように、恋愛に泣き、怒り、歓喜し、悩んできました。だからこそ、この本をきっかけとして「手づくり恋愛生活」を送るヒントをご一緒に考えることができたらこんなにうれしいことはありません。

この本では、新しい心のスペースのために、みなさんの恋愛についての自由な応用力や想像力をもっと奥深いものにしていただけるような「ヒント」をたくさん用意してみました。

もちろん日本とフランスの文化は違います。恋愛へのアプローチにも違いはたくさんあります。でも、どっちが正しいなんて、問題ではないのです。一対一のシンプルなコミュニケーションが激減した今、イージーなセックスに走る人が増えてきた今、さまざまな情報やマーケティング至上主義に侵(おか)され、愛が「マクドナルド化」してしまった今、そんな中で考え直す必要のあるテーマ、それは「愛」だと思います。これは日仏問わずいえることです。

自分だけの表面的な自己満足しか見えない人には、人に愛を贈ることなんてできません。それどころか、自分自身さえも愛せない……。そう思うのです。

この本を通して、一人でも多くの方に「愛しかないじゃん」と思い出していただきたいのです。

最後に、今日まで、私のハートをドキドキ（ときにはハラハラ）させてくれた恋人たちに熱いキッスを贈ります。彼らなしでは、この本は書けなかったもの。

二〇〇一年五月

フランス人の手づくり恋愛生活　目次

フランス人の手づくり恋愛生活　佐藤絵子

Drawings © Florence Deygas
装幀　中沢貴之（Ltd.）

1

片思いを実らせるための「手づくり恋愛生活」

Tu m'aimes ou tu m'aimes pas ?

相手が自分に惚(ほ)れているかどうかはすぐにわかる

私は恋をするのが大好きです。

恋をした相手をひと目見るだけで心がドキドキして、「もし彼と一緒になれたら……」なんていろんな夢を見る。好きで好きでしょうがなくて、その思いを抱(かか)えて夜一人で泣いたりもする。そして、その相手とまた出会うきっかけを作り、相手の個性が見えてきたら、恋のゲームを始めるか、相手が私の気持ちにも気づかないうちに密(ひそ)かに振ってしまうかを決める。

どちらに転がっても、恋のドキドキ気分は大好きです。

とにかく私は、しょっちゅう勝手に誰かに恋をして、その人が、私の恋心に気がつく前に勝手にその人を振ってしまう……。

きっと、私が相手に自分の恋の気持ちをあえて示さないのは、彼らを〝テスト〟しているからなのでしょう。最初のこの段階で、彼らをこのゲームに入れないのは、後でややこしくなるのを避けたいからなのかもしれませんね。

もちろん、これはアドバイスではありません。個人的な体験にすぎません。

恋をしているときって、自分が女性だっていう意識が高まりませんか？　イメージとしてたとえると、普段はまったく身につけないセクシーなガードルをはいて、スカートを着て街を歩くときの感覚。誰も私の下着を知らない。彼も、もちろん知らない。知っているのは自分だけ。心と脳みそがドキドキするその感覚、一歩歩くたびにそれを味わう、最高だと思いませんか？

これが、恋の魅力の一つのイメージなんですね。

誰も気がつかないけれど、私は今、とってもフェミニンなんだという感覚。

恋をしていると、まるで奇跡のようにパワフルになるものです。

自分の一番よい部分が輝く。もっと敏感になり、もっとオープンになり、もっと優しくなる。二人だったら何をしても恐くない、という不思議なパワーが燃え上がる。テンションが高くなるのですね。

そして、恋をしていると相手を理想化します。

相手を、自分とは異なるアイデンティティを持つ一人の男性というよりは、自分の理想像として見てしまう。素のままの相手というよりは、自分勝手に思い描いた幻想の相手を映写するのです。

そして、同時に自分も相手の理想に近いように振る舞うのです。

恋愛の最初のステップ、片思いについて長く語る必要はないと思います。

なぜなら、遅かれ早かれ、それが片思いなのか、そうでないかがはっきりと見えてくるから。

自分が惚れてしまった相手が、自分に惚れているかどうかはすぐにわかるものです。相手がその気でない場合は素直に諦めるしかないでしょう。

無理に人の愛を求めるのは時間の損。ダメならダメときっぱり諦めて、もっとポジティヴなことに集中したほうが健康的だと思います。

しかも、このようなアドバイスを受け入れなくても、人間というのはとってもよくできていて、自分に関心を持ってくれないものからは遠ざかるようになっているのです。最初は盲目で相手にホレボレしていても、相手に無視されると、自分のエゴがそれを認めなくなり、相手に対する恋の気持ちが自然と消えていってしまうものです。

フランスでは、片思いという言葉を、日本ほど頻繁には使いません。

和仏辞典で「片思い」のフランス語訳を探すと「amour malheureux（不幸な愛）」と書いてあります。日本語とのニュアンスの違いが面白いですね。

フランスでは、片思いは「不幸な愛」を連想させます。誰もそんな体験をしたり追求したいと思いませんよね。

しかも、日常でも、この「amour malheureux（不幸な愛）」という言葉も表現もまったく聞きません。それは、もしかしたらフランス人の片思いは日本人ほど長いこと悩まないという理由もありそうです。フランス人ははっきりしているので、相手に打ち明けて、相手のリアクションがすぐにわかるから、ことは早く片づけられるのかもしれません。

しかし、片思いが片思いではなく、実は二人ともお互いに恋をしているのだと見えてきたら、だんだん面白くなってくる。

人間というのは可愛（かわい）いもので、恋をするといくつかのラヴ・シンドロームが起きるものです。

恋する女性は相手の男性をいつも見ている。そしていつも敬意の気持ちを持って彼の話を夢中で聞く。相手の男性の意見に賛成し、反論はあまりしない。

一方、恋する男性はよく相手と話をする。たくさんしゃべって、同時に相手の女性を尊重する。

まるで魔法にかかったかのように、永遠に二人は会話をする。いつもくっついていたいから。

初めてのデートの晩に二人は一線を超えないかもしれない。

「家に送っていくよ」と男性がいって、家の門の前についてからも何時間もしゃべり続ける。そして「さよなら」してベッドについてもまったく眠れない。

そんな思い出はありませんか?

「片思い」が「不幸な愛」になる理由

片思いをしていて、相手の気持ちがわからないとき、そしてこの状態から早く脱皮(だっぴ)したい！　と思っているあなた。

「脱皮したい、脱皮したい、ああ、片思いの私ってなんて可哀想(かわいそう)なの」と、むずむずしてばかりいないで、そろそろ真剣に方法を考えて、そして実行しませんか。

最近、学生時代を思い出しながら、日本の女友達と片思いについて語り明かしました。

彼女が、

「実は今、片思いの真(ま)っ最中でね……」

といい出したので、その理由を聞いてみたのです。

彼女は、仕事がきっかけで知り合ったある魅力的な男性に、数年もの間、片思い状態だというのです。彼の話をしているときの彼女は、目が輝き、その彼をとても尊敬している様子がうかがえます。彼はとても彼女に優しい。彼女は彼と本格的につきあいたい、しかし、相手の気持ちはさっぱりわからない……というのです。

問題は、どうして彼女は自分のほうから彼に告白ができないのか、という点ですね。考えてみましょう。女性が男性に愛を告白できない原因を。

・告白して彼に振られるのが恐い
・振られた場合、落ち込むのが恐い
・まだ時間があるから、すぐに告白しなくても大丈夫。このままでもいいと思っている
・彼はきっと私みたいな人には興味がないと思っている
・他（あなたなりの理由を考えてみましょう）

片思いをして楽しんでいる人ってあまりいないと思うのです。ちなみに右に挙げた原因というのは、全部逃げの態度、言い訳にすぎません。

〝告白して彼に振られるのが恐い〟？
〝まだ時間の余裕がある〟？
ちょっと甘えていませんか。

〝振られた場合、落ち込むのが恐い〟？

恋愛は人生と同じように山あり谷ありなのです。振られたら落ち込む可能性はあります。でも、彼と深い関係になるほどつきあっているわけではないのですから、その分、傷も浅いのではないでしょうか。

今の状態が永遠に続いてもそれは時間の損。だったら開き直って次の恋を目指して生きていったほうが前向きで楽しいと思いませんか？

〝彼は私みたいな人には興味がないと思う〟？

あなたはこの場合、「彼は究極の美人でも、シモンヌ・ドゥ・ボヴォアール（哲学者・サルトルの恋人で『第二の性』の著者）ほどインテリでもないこんな私に惚れるわけがない」と、全部「彼」に原因をふってしまっていますよね。

恋は「自分自身を愛すること」から始める

片思いの原因のすべてを相手のせいにするのは、逃げの態度の象徴だと思うのです。問題はあなたにもあるのです。あなたはこの場合、彼に対して単純に自信がないだけなのです。よく考えてみてください。

自信があれば素直に彼に告白できますよね。

この場合、自信がないというのは二つ考えられます。

・「人間として」自信がない
・「女として」自信がない

「人間として自信がない」というのはつまり、たとえば彼がインテリなら、彼の教養に自分がついていけないと思うこと。彼がやり手のビジネスマンなら、彼の才能に追いついていないと思うこと。彼に鋭い（するど）ユーモアのセンスがあるなら、そのセンスに負けていると思うこと。彼がクリエイティヴな人なら、その才能に負けていると思っていることなど。

つまりは、人間として自分は彼よりも下級だと思っている状態です。簡単にいってしまえば、彼に対してコンプレックスがある、ということになるのではないでしょうか。

「女として自信がない」というのは、自分は特別な美女ではないから相手が振り向いてくれないと思うこと。自分がセクシーだと思えないこと。自分にはその男性を魅惑する才能がないと信じているということですね。

どちらにしても原因は、あなたがあなた自身を愛していない、という問題なのです。

そんなことない、と思うでしょう？　いや、そうだと思うのです。自分を可愛いと思っているでしょうし、自分の欠点や長所も知っているのだからそんなことはない、と思いますよね。

ノン、です。

だったら最初から、彼に自分の気持ちを素直に伝えられるはずではないですか。

たとえ彼がとても素敵で、そのの魅力のさまざまな面をあなたが持っていなくてもいいのです。

あなたはただ優しくてシャープで、ユーモアのセンス抜群の彼にコンプレックスを無意識に抱いているのです。

あなたは彼に恋をしているのと同時に憧れているのではないですか？

究極のファン状態になってしまっているのではないですか？

憧れの的というのは遠い遠い星の彼方の存在ですよね。その彼を地球に戻してみませんか？

早く彼を「地球人」にしましょうよ。もっと彼とコミュニケーションしましょうよ。

そうしたら、実は彼があなたと同じように欠点もたくさん持っている人なんだと、やっと気がつくでしょう。そうしたら彼と対等に会話もできてコンプレックスもなくなると思います。

＝「欲しいものを欲しいといわない限り、それは得られない」

女として自信が持てないあなた。

あなたは今後一生このまま生きていく予定ですか？　それで空しくはないですか？　あなたの顔もスタイルも身長も、これから先もずっと変わりませんよ。いや、衰えるだけです。犠牲者ごっこはもう卒業してみましょう。

自分のボディーを愛してあげてくださいな。人間、外見ではありません。中身です。でも自分の外見を愛せない人は中身もちょっと歪んでしまうものです。

あなたは毎日毎日このボディーにお世話になっているのです。もっとケアしてあげなきゃ。精神的に「クリーム」を塗ってマッサージしてあげなきゃ。可愛がってあげなきゃ。

フランスの女性は、たとえ美女でなくても、身体のプロポーションが完璧でなくても自分の身体を気持ちよく消化している人は大変多いです。そして、弱点を隠さずに堂々と着たい服に身を包む。自分の身体の欠点をしっかりわかっている女性は、たとえちょっと太っちょの人でも、とても魅力的なのです。とっても格好いいのです。

問題は身体よりも頭なのです。

コンプレックスを持って、身体の丸みを隠しているばかりの、しかも私には似合わないから……という理由で好きな服を着ないとっても心地悪そうな女性と、どんな洋服にも楽しみながらチャレンジして着ている女性と、どちらが魅力的ですか？　いわなくてもわかりますよね。

「私は顔が悪い」と言い訳をして、それこそブスっとしている女性と「私は私で魅力的だもん」と思っている女性ではどちらがハッピーだと思いますか？

「どうせ私は……」と思っている人には、それなりのネガティヴなオーラがつきまとっていると思うのです。逆に自分のボディーも認め、問題点を消化して前向き姿勢の女性はポジティヴ・パワーを発信しています。

一刻も早く自分を愛してください。

自信がつくと、女性はセクシーにもなるものです。

現に、ちょっと体重の重い、しかし、その体重にコンプレックスを持っていない私のフランス人の女友達エレンは、とてもセクシーです。

イヴ・サンローランのレディースのデザインを担当していたエルバズというクリエイターは、エレンにある日、

「君は、僕のファッションショーに出演するモデルより遥（はる）かにセクシーだ」

といいました。彼がそう思ったのは、彼女が気持ちよく、コンプレックスなく自分の着たい服を着て、それが似合っていて、しかも精神的にセクシーだからなのです。頭がよくてユーモアのセンスが鋭いのです。この私ですら、人気モデルのケイト・モスよりも彼女のほうが遥かにセクシーだと思います。

思い出してください。気持ち一つで女性は美女になる、と。

おっとっと、絵子さん、それは甘い発想ですよ、とまだ思っていらっしゃいませんか。では、ここで質問です。新生児を見てみんなが「可愛い、可愛い」といっている様子。はっきりいって、関係のない人がその赤ちゃんを見ても全然可愛くないじゃん、というベイビーでも、親族や親しい人の目には最高にキュートに見えるのです。そうでしょう？

私にとっても、そのフランス人の女友達エレンは、綺麗（きれい）でセクシーで知的な女性なのです。彼女は私の恋愛の対象ではないけれど。

つまりですね、あなたにとってどうでもよい人には、あなたの美しさが見えなくても、

あなたにとって大事な人にはそれが見えるのです。

このアドバイスにトライしても、相手があなたの「美」を発見できなかったら？　それは単純にその人には人を見る目がないのです。そんなおバカさんとつきあってもしょうがないですね。

さあ、言い訳はやめて自分をもっと好きになってみてください。自信があればとてもシンプルに彼にあなたの愛を告白できるはず。

フランスのことわざに、

「Qui ne demande pas n'a pas（キ・ヌ・ドゥマンドゥ・パ・ナパ）／欲しいものを欲しいといわない限り、それは得られない」

というのがあります。自分を愛せない人は人を愛することなんて、できません。

愛の告白は「言葉よりもキス」で

愛の告白って面白いですね。

今まで、自分がどんな言葉で告白されてきたのかを、一生懸命思い出そうとしているのですが、「言葉」で告白された記憶はまったくないのです。

「好きです」

「愛しています」

「つきあってください」

なんて、いわれたかもしれないのですが、それよりも「行動」を覚えているのです。

フランスの大変くだらないソフトエロティックなテレビ番組では、男女のからみのビデオ上映の間に、街で一般人に取材するコーナーがあります。取材者は、

「相手の男性に初めて告白してもらうときには、どういうふうにいってほしいですか？」

という質問をします。それに対し、ほぼ一〇〇%の女性たちは、

「言葉なんていらない。キスをしてくれればそれで彼の気持ちがわかる」

と答えるのです。そう。そうなんです！

告白は言葉ではなく、キスがいいのですね。

でも、真面目（まじめ）な日本人の男性は「つきあってください」といったりしますよね。でもシャイな人はなかなかそれすらいえなかったりします。

ある日、恋をしている日本人の男の人から、

「好きな彼女に、どんなふうに告白すればいいんだろう？」

と聞かれたときに、

「だから、キスをすればいいのよ」

と勧（すす）めたのです。すると彼は、

「彼女が嫌がったらどうするの？」

と不安そうな表情。私は、

「それはそれでいいじゃない。彼女の〝ノン〟というはっきりした返事が見えるのだから」

とアドバイスしたのです。

女性って相手に「キスしてもいいですか？」と聞かれるよりも、行動としてキスしてもらったほうがうれしくないですか？

それとも、そう思っているのは私だけなのでしょうか？

How to告白なんて、どうでもいいと思うのです。方法よりも気持ちが大事なのですから！

バラの花束を贈って告白する人もいますよね。

これも素敵なのですが、こっちがその気ではないときは、どうしようかと困ってしまうのです。あなたもそういう体験はありませんか？　ものすごく素敵な花束が届くとドキドキするのですが、ネームカードを見た瞬間、どうしよう？　と困ってしまう……というような。

パリでのそんなある日、どう対応すれば失礼にならないのか悩んでいた私は、四〇代の女友達、カトリーヌに電話をして相談したのです。

「お花を送り返すと彼が傷つくのでそれはダメ。彼に電話をして〝ありがとう〟というのもダメ。誤解されちゃうから。そういうときはシンプルな手紙を書くのが一番！　〝お花、ありがとうございます。それでは、お元気で〟のようなさっぱりした淡白な言葉が一番はっきりしていていい」

とアドバイスされました。

では、女性はどのようにして告白するのがいいのでしょう？

これも同じくルールなんてないのです。しかも、一般的に女性は、男性からの最初の一歩、アプローチを待ちますよね。

ちょっと話は変わりますが、私たちはよく「愛する」と「愛される」の意味を、逆に考えたりするのです。

「愛してる」という言葉には、ある意味では「私を愛して」という意味も含まれています。

フランス人は日本人よりも頻繁に「愛してる」といいます。日本の女性はもっともっとこの言葉を耳にしたいのだと思います。

でも、この言葉は年がら年じゅういう言葉ではありません。大切な言葉ですもの。

ファースト・デートでは「ありのまま」を見せること

ここでちょっと日本とフランス以外の国の恋愛事情をのぞいてみましょう。

アメリカでは、デートに誘う方法の四〇%が直接口頭で、三八%はパソコンのEメールで、一八%はモバイルの電子手帳。そして、一六%は電話（Atlas de la sexualit dans le monde/autrement 出版調べ／複数回答）という統計があります。

しかし、目と目を合わせて話をするのが好きなフランス人は、デートに誘うとしても、直接口頭なり電話で誘うことが多いです。

どこの国でも同じだと思うのですが、初めてのデートは、男性が女性を美味しいレストランに招待するというパターンが一番多いようです。

でも、ここでも日本とフランスでは大きな違いがあります。

日本人は無理をすることが多いのです。特に男性は。自分が普段やらないことをするのです。外国の映画の真似事なんかしてしまうのですね。板についていないレディ・ファースト精神を真似たりしてとってもぎこちないのです。

でも、女性はそんなことを期待していませんよね？　格好つけないで、ナチュラルな彼を見たいのです。ありのままの彼を見て、チャーミングだな、と思ったり、不器用だけど可愛いな、と思ったりしたいものです。

パリジャンからファースト・デートに誘われるとき、彼らは〝彼ららしい〟場所、つまり彼らにとって心地よい場所に連れて行ってくれます。

私のフランスのボーイフレンドは、行きつけの〝母の味〟の田舎料理のレストランやマスターと友達のカフェバーなどに連れて行ってくれるのです。

〝僕のとっておきの場所〟つまり、他の人との違い、というのも見せたいのだと思うのです。多くの日本人のように、かっこいいだけの表面的な場所を選びません。だって、いくら今人気のお洒落スポットでも居心地が悪いことってよくありますよね（彼らにとって〝おなじみの店〟であれば、思う存分あなたを誘惑することに神経を集中できますよね？）。

では、ファースト・デートは、なぜレストランなのでしょうか。

これは説明する必要もないことだと思いますが、「食」と「愛」というのは強力な接点があるのです。

「いただく」……。それは食べ物だったり、メイキン・ラヴも指します。

面白いことに、フランスでは人を食物にたとえて表現する言葉がたくさんあります。たとえば、

「彼女の髪は麦のようにブロンドだ」

「ピーチのような肌をしている」

「アーモンドのような目を持っている」

または男性の性器を「ソーセージ」や「マカロン」（このほかにも、呼び方は数えきれないほどあります）と呼びます。

食と文化の関連も、もちろん深いですよね。アメリカだったらマクドナルド（味のないスタンダード化）、フランスならワイン（魅惑と甘い酔いのロマンス）、日本ならお茶（フランスでいう〝禅〟のマインド、わびさびの文化）とちょっと簡単すぎる幼稚なクリシェ（分析）ですが……。

食とメイキン・ラヴが接近していることを示す、もう一つの理由。それは、メインディッシュの「前」「後」に前菜やアペタイザー、食後酒などがあるという部分。

そういう意味では、ファースト・デートの日にレストランに行くのは無意識ではありま

すが、思った以上に相手を観察することができるのです。

いきなり、メインディッシュしかオーダーしない人と、食事の前にシャンパンをオーダーする人ではまったく個性が違いますよね。

そして面白いことに、（日本人はどうかわかりませんが）フランス人には、「ベッドで食事をする」というのと「キッチンでメイキン・ラヴする」というファンタズム（妄想）があるのです。

では、日本人のファンタズムは……裸の女性に刺身を盛り合わせて飾ってそれを食べるのと、回転寿司のレールの上でメイキン・ラヴすること？　きゃあ、バカバカしくてごめんあそばせ。

食とセックスの接点を語るには、本を一冊書いても語りきれないと思いますが、デートにレストランに行くほど自然なことはない、ということなのです。

＝誰かに夢中になると、その人の真似をしたくなる

さて、ここであなたが片思いしている人が、あなたに好意を持っているかどうかを探るとっておきの方法をご紹介しましょう。

パリには大きな鏡張りの庶民的なカフェがたくさんあるのですが、ある日、複数の友人とお茶をしていたときに、一人でボーっと私たちを映し出す鏡を見ていたところ、ラブラブ状態のカップルのしぐさに気づいたのです。

こんなとき、第三者である「外野」の立場から見ても、お互いにホレボレ状態（相思相愛！）の人を見分けることができて、とても面白いものです。

人は、誰かに夢中になってしまうと、無意識にその相手の動作やしぐさを真似るのです。たとえば、友達など交えてみんなでレストランに行ったとします。

一方的な片思いではなく、二人とも恋に落ちている場合、恋する相手がどんなにあなたから遠ざかった場所に座っていても、彼はあなたの会話を聞いています。そして……。

あなたがコップを手に取ると、彼も同じことをする。

あなたが腕組みをすると、相手も腕組みをする。

そう、無意識に好きな人と同じ行動をとっているのです。

恋に落ちると、一体化したくなるものですよね。「君は僕であり、僕は君であり、僕たちは一つである」と。

そして、無意識に同じ動作をしたり、同じことを考えたりするようになる。一緒に生活するようになってから本当にそっくりになったカップルを見たことはないですか？　私はあります。

でも、1＋1＝1（彼と私は二人で一つである）という一体化は、一見すると美しいのですが、実はここからカップルの危機が始まるのです。

だって、私たちのディザイヤ（欲望）というのは、お互いの〝違い〟から生まれてくるものだから。二人が同じになってしまってはスパイスがないのです。

親密な愛が生き延びるには、お互いの個性が大事になってくるのです。

「視線」のコミュニケーションの楽しみ方

恋って、無言のコミュニケーションから生まれることって多くないですか？

視線から始まることってよくあります。

視線が言葉を遥かに超えて、お互いの思いを表現する。しかも距離の遠近はこの場合あまり関係ないのです。相手が隣にいても五メートル先にいても視線だけでキュンと胸にくる感覚、意識し合う感覚、ううん、素敵ですよね。

相手の目を見る時間を長くしたり、短くしたりして遊ぶのも恋の楽しい遊びです。相手がそのゲームにのっているのなら、彼もあなたと同じ気持ちだということがわかりますし。

日本では、仕事の場でも相手の目を見ながら話すことは、フランスほど盛んではありませんよね。

逆にフランスでは、相手の目を見ないのは失礼にあたり、自信がない証拠として受けとめられています。みんなで乾杯をするときも、相手の目を見ながらコップを寄せ合うのが礼儀なのです。

お互いに、恋や愛の対象でなくても、男性がセクシーな視線を向けて話をすることって、フランスでは少なくありません。一瞬ドキっとするのですが、それは素敵なのです。日本では体験したことのないことですね。

それは、私を誘惑するための視線ではないと思うのです。

「僕にはガールフレンドがいて、君にはボーイフレンドがいるけれど、それを壊す目的ではなく、ただ単に君が素敵な女性だと思うことを表現したい」（僕も捨てたもんじゃないでしょう？　というサブリミナルなメッセージも込められている）という意味の視線だと思うのです。

これは浮気のレベルではないのですね。大人の男女の楽しみの一つではないのでしょうか。

「愛はそこの街角に待ち受けているかもしれない」

「合コンってフランスでもありますか？」

この本の打ち合わせをしているときに、ひょんなことから出てきた話題だったのですが、

「ゴウコン？　何ですかそれ？」

と目が点になってしまったのです。

聞けば、日本では八〇年代からある「合コン」というシステムは、フランス人の目からするとちょっと不思議だったりします。

でも、二十世紀、二十一世紀をまたぐ「ネオお見合い」の方法として、それを楽しんでいる人がいるのであれば、それはそれでいいのではないのでしょうか。

けれども、冷たい目で見ると「日本人は集団の中でしか相手を見つけることができないのか？　一人で見つける自信はないのか？」と揶揄(やゆ)的に思う人もいるでしょう。しかし、そんなこと、どうでもいいと思うのです。楽しんでいるのなら。

この本の中でもいくつかのエピソードを紹介しますが、フランスではあえて「恋愛の対象」になる人と出会うために特別な企画をしなくても、日常、街、道、カフェ、家でのパーティーなどが新しい人との出会いのステージになるのです。だから合コンというミニイベントの開催なんて必要ないのです。

フランス人にとって、恋人を探すためにわざわざ場所を設定したり、合コンのように人を集めて……という発想は面白くないのです。

たとえば、日本の合コンにフランス人男性を連れて行ったらどうなるでしょう？

合コンに出席している、目の前にいる四人の女の子だけでなく、そのレストランにいる他の女性にキョロキョロしてしまいます。つまり、そのシチュエーションを自分でコントロールし、自由に相手を見つけたいのであって、用意された中から選ぶという発想には興味が湧かないと思うのです。

カフェであろうと電車のホームであろうと、相手に何かを感じると、話しかけることができるのがフランス人。逆に日本人は、多少落ち着いた場所や設定でないとなかなか話をしないのではないでしょうか。

東京に行くと、この違いをいつも実感します。駅のホームでチャーミングな男性と目が合って、また目が合うと、フランスではそこでニコッと微笑(ほほえ)んでも問題ないのですし、そしてそれが楽しいのに、日本では、そこで彼を見て微笑んでもまったく無視されて〝変な外人〟だと思われたりするのです。

私は昔、画廊で個展を見ていて、そこで話しかけられた男性と恋に落ちたことがあります。

一つの作品を見て、あまりにも面白かったので一人で笑っていたら、その男性が横にきて、一緒に笑い出したのです。

その作品とは、広い部屋が白いスモークのベールに包まれ一メートル先が見えないという「空間」だったのです。発想が素晴らしいと思って感動していたと同時に、このユーモアのセンスに感激していたのです。「アートとはなんぞや？」というテーマについて考えさせられる作品だったのです。

そこへ彼が近づいてきて、一緒に笑って、

「ソーダの白い泡を味わいませんか？」

と声をかけられました。それから、近くのカフェに行って、この展覧会について意見を交(か)わし合ったのです。そして別れるときに、

「今度は一緒にプラネタリウムに行きませんか？」

と誘われ、おつきあいが始まったのです。

日本ではそんなことは難しそうですね。自分のテリトリーの中なら話ができても、そうでない場所では人に近づきたくない、という日本人、これは島国独特の思考なのでしょうか。

フランス人独特の「愛はそこの街角に待ち受けているかもしれない」というチャーミングな考え方を参考にしてみませんか？

十七世紀から伝わるフランス流「レディ・ファースト」

日本には、フランス語でいう「Galanterie（ガラントリー）」いわゆるレディ・ファーストといった女性に対する丁重な振る舞いの習慣はあまりありませんよね。

ニック・ヤップとミシェル・シレットというイギリス人の書いた本『フランス人のまっかなホント』（マクミラン ランゲージハウス刊）の中に、フランス人が読んで思わず笑ってしまう文章があります。

「フランスの女性は、今でも、男性がドアを開けてくれて、荷物を運んでくれて、席を譲ってくれるのが当然と思っている。見事な宝石もふさわしいセッティングによってはじめて輝くように、フランスの女性は、男性に大事にされ評価されてはじめて輝くと思っている。イギリスやアメリカではセクハラと受け取られかねないような褒め言葉を、フランスの女性は喜んで受け入れる」

このようにフランス女性を描写されると笑うほかありません。彼らの書いていることはホントなのですが、これでは女性からの一方的な甘えにしか見えないところが危険なのです。フランス女性は確かに男性に大事に扱われるのを好みますが、一方的な関係なのではなく、これは男女両サイドの誘惑／魅惑のゲームの一環だからこそ、この「愛される感覚」が楽しいのです。

つまり、女性は受け身だけではないのです。

簡単にいってしまえば、日常生活の中で誘惑というスパイスはフランスでは欠かせない要素なのです。

パリの街を歩いていると、私は一週間に最低一回は「おっ、そこのべっぴん」と男性に声をかけられます。いやいや、私が綺麗、という意味ではありません。綺麗な人もそうでない人も女性であれば、そして女性的なフェミニンな雰囲気(ふんいき)があれば必ず男性から話しかけられるものです。彼らはこちらのリアクションなんて期待していないのです。軽い言葉だったりするのです。

日本に長年住んでパリへ帰ってからもしょっちゅう、

「おっ、そこのべっぴん」

といわれて最初はショックを受けました。なんて下品なんだろう。なんてエッチなんだろう、こいつらと。しかし、それに慣れてしまった自分が、東京に戻ってまったく誰からも何もいわれないと、なんてフラットで淡白な国なんだろうと思ってしまうのです。

フランスでは、男性が女性に声をかけるのは自然なこと。魅力的だと思う人にはそれをはっきりという。お互い、魅力を感じたときは、そしてたとえ一瞬だけのタクシーの中の会話でも、市場での会話でも、それを存分に楽しむのです。一〇分後にその人と別れても、わずか三分だけでも言葉と魅惑の遊びのクオリティが楽しければ、それを楽しむ。

フランスでは毎日が恋愛の可能性を秘めているのです。街角の出会いからつきあい始めて、カップルになった人は少なくありません。

カップルの関係でも、相手に「今日は綺麗だね」といわれたり、「今日は素敵ね」といった言葉を交わします。そう、フランスでは言葉で表現をするのが大切なことなのです。

そんな、お互いを褒め合っているフランス人を日本人が見たら「うっ、気持ち悪いぞ、この二人」と思うのでしょうが、逆に愛の言葉をあまり交わさない日本人カップルを見るフランス人は、彼らの表面しか見えず、なんてドライなんだろう、と思うのです。

では、いったいどうしてフランスは愛というスパイスなしでは生きていけない国民になったのかを歴史的な面から、探ってみましょう。

そもそもフランスの歴史をたどると、恋愛が「道徳」になったのは十七世紀から十八世紀。宮廷社会で広まったのです。

ルイ十四世の時代には恋愛は社交の大事なレパートリーでした。現にルイ十四世の愛人のモンテスパン夫人、ルイ十五世の愛人のポンパドゥール夫人は有名であり、権力さえあった女性たちです。

当時、貴婦人たちの多くは、地方に夫を残して宮廷の近くに館(やかた)を持ち、一部は宮廷に住んでいました。そんな彼女たちは貴族の男性と恋愛し、自分よりも身分の低い騎士と恋に落ちるケースも多く、密会などをしていたのです。この恋のために命を犠牲にする騎士も少なくなく、逆に美徳ともされていました。

この時代の結婚は自分で決めることではなく、家と財産を計算したうえでの行ないであり、結婚と恋愛は別のものだったのです。

当時、三角関係が社交の特徴の一つであり、「宮廷恋愛の規則」が定められたほど頻繁でした。

「恋する男は自分より身分の高い女性を愛さねばならない」

「同時に二人の女性に心を与えることはできない」

「愛を勝ち得ることは困難でなければいけない。それが愛を価値あるものにする」

などといったずいぶんと面白い規則があったほどです。

この騎士道恋愛はフランス独特の恋愛であり、ある意味では、女一人対男二人が織り成す「ドラマ」はフランス恋愛の原型とも呼べるのです。

フランスの若者たちは、幼(おさな)い頃からこの三角関係を美化した若きアラン・ドロン主演の映画をたくさん観(み)て育っています。

「女性の心をキャッチするには、男性は努力しなければいけない」

「男性は女性を大事にして、愛情を常に表現するものなのだ」

という発想が今日まで続いているのですね。

私はこのフランス風のガラントリーが大好きです。あなたはどう思いますか？

二人の男性に同時にときめいてしまったら?

フランス語では心を「cœur（キュール）」というのですが、キュンとくるからキュール？　ん？

心って気持ちがコロコロ変わるからココロっていうのですよね？

同時に二人の人と恋に落ちることができるかどうか。

もちろんできます。ただ問題は、この状態を継続させることができるかどうか、という点です。

恋というのは段階であり、そこから別れか愛に発展するのだから、この場合も最終的には一人が選ばれる、もしくは二人と別れる、という道しかないのではないかと思います。

昔、フランスの高校に通っていた頃、二人の男性に恋している女友達から相談されたことがあります。

「二人とも好きで、どっちがいいのか決められない」

と。

「今の段階で悩む意味はないのよ。二人ともっとつきあってごらんなさいよ。そうしたら彼らの素顔が見えてきて、今まで盲目のヴェールに包まれていた心からヴェールがフワッと消えて、自然に自分の本当の気持ちが見えてくるわよ」

と答えました。

人間は果物（くだもの）ではないのですね。「イチゴとラズベリーとどっちが好き？」「ううん、両方とも違った魅力があって好き」というのは恋愛の場合当てはまらないと思うのです。いずれは、どちらかを選ぶと思うのです、人間界では。

フランスでは、ひと目惚れを「Coup de foudre（クー・ドゥ・フードゥル／雷撃）」といいます。日本語の「ひと目惚れ」の柔（やわ）らかさよりも遥かに電気的なパワフルなショックですよね。

心理学者のカール・ユングは、

「二人の人の出会いは、二つの化学物質の接触と似ていて、反応がある場合には二人とも変化してしまう」

と書きました。

最初の段階で、同時に二人の男性と感電することはできても、感電した後にはどちらか一方が離れていく、どちらか一人が消えていくのが自然だと思います。

好きな人がいるのに、もう一人に恋をすることも当然ありますね。

私もしょっちゅう体験しています。他の人に惚れてしまうことは、つまり、今一緒にいる人が嫌いになった、というのとは必ずしも関係があるとは限りません。世の中には一見、とても魅力的な人がたくさんいますもの。

しかし、ここでも最終的には一人だけが選ばれるか、二人ともと別れるか、という展開になるのではないでしょうか。この場合、大切なのは、恋の状態を前からつきあっている人（もしくは夫）に伝えてはいけない、という点です。

父と母を両方愛することは当然できても、男と女の関係で二人を同時に愛することはできないと思います。

いずれにしても、私たちのハートと脳みそは一人の人を愛するのが精一杯のシステムになっていると思うのです。そう思いませんか？

スパイシーな「演技」とリスキーな「演技」の違い

私の日本のおばあちゃまは、一九三〇年代に「カルメン」を歌ったオペラ歌手です。

「カルメン」は誘惑と魅惑が物語のベースになっているのですね。

私は幼い頃からこのお話を聞かされ、なんて素敵なのだろうと思ったものです。

今でももちろん！

そんなことがあって、私は幼い頃から「カルメン」の歌詞を暗記しています。

日本のおばあちゃまと同じくフランスのおばあちゃまも大変な美女で、四〇年代にはフランスの大人気の映画俳優・フェルナンデルの心をときめかせたという思い出話を聞いたことがあります。

母もとても魅力的で遊び心の豊かな人で、まだ幼い娘の私にこういったのです。

「大きくなったら男殺しのプレーガールになってね」

と。

こんな〝先輩女性〟たちの影響を受けて、私はとても幼い頃から魅惑がどんなものであるかということを意識しているのかもしれません。

先日、フランス人の男友達と話をしていたのですが、彼にこう聞かれたのです。

「どうしてフランスの女性はくどくのが難しいのだろうか」

まずフランスの女性は相手の男性をすぐに信用しません。

そして相手の男性のルックスよりも、精神的にセクシーな人を望んでいます。

精神的にセクシーというのは、ユーモアのセンスがよかったり、インテリジェンスや才能なども含んだうえでのセクシーさです。こればかりは二、三回のデートでは見抜くのは難しい。

フランス女性というのは「軽い女」だと思われたくないのです。また、自分に惚れている相手を夢中にして少し焦らすのも嫌いではない女性は少なくありません。

待たせれば待たせるだけ、二人が結ばれたときの味が忘れられない、という発想です(なんだか、何でもイージーでオートマティック化されている今の時代にはちょっと古めかしい発想に見えますが)。

ところが、そういう「焦らし」は女性のほうが自分に自信がなければできないことですよね。

日本では男性をものにするためのルール・ブックが人気のようですが、よく読んでみると、その大前提として女性のほうが自信に満ちて、かなりうぬぼれていないと、これらのルールはまったく成り立たないのです。

「彼を焦らすために忙しいように見せなければいけない」

「冷たい女を演じなければいけない」

などと、演技をしなければ男が口説けないといったアドバイスを読んで、ちょっとあきれてしまうのは私だけなのでしょうか？

恋愛では演技は危険です。だって無理をしていることだもの。素顔がゆくゆく見えてしまうのだから、危ないったらありゃしない。

男女の関係をちょっとスパイシーにするためのシャープな演技はエキサイティングであっても、相手を口説くために嘘(うそ)の自分を演じても意味がないと思いませんか？

外見や表面はさておき、あなたも「知的セクシーウーマン」になって彼を魅惑してみませんか？

この本を読んでいただいて、いくつかのヒントを見つけてみてくださいね。

＝あなたにしか見えない、彼も気づいていない「美点」を褒(ほ)める

口説き方のポイントというのは、自分の個性と相手の個性によってその方法も違います。だから、それを一つのルールに当てはめようとしてもしょうがないのです。

私自身、いったいどのようにすれば好きな彼に振り向いてもらえるのか、みなさんにルールを押しつけることはできません。もっといってしまうと、そんなことを考えていないのです。これは、私もあなたも恋愛を重ねて自然に、しかも無意識にキャッチした感覚にまかせるしかありません。それは潜在意識に隠されているものだからです。

しかし、私なりのちょっとしたアドバイスならお分けできます。

口説き方のポイントは、自分、そして相手の「自意識過剰の度合い」というのが、一つの鍵(かぎ)になると思うのです。ここでいう「自意識過剰」というのは年がら年じゅううぬぼれている人とは限りません。

自分の魅力を知っていて、それを表現するのにコンプレックスを持っていない人。そう

いったほうが正しいでしょう。

そんな彼（高嶺の花!?）をどのように口説くのが一番シャープなのでしょうか？

以前、私の悪友のフランス人女性から面白いアドバイスをもらったことがあります。

「雄のクジャクのその美しい、ゴージャスな尾の羽を褒めても意味がないのよ。その尾は誘惑における最大の武器だと本人も知っているから。そんな褒め言葉はありふれすぎていて説得力に欠けるでしょう？　だから、あなたにしか見えない、そして相手も驚いてしまうようなディテールを褒めると向こうは感動するのよ。それはルックスでもしぐさでも知性でも何でもよいの」

これはなるほどと感心したものです。

相手の気づいていない美点を褒める。私たちだって、そんなことをいわれたらメロメロになりますよね？

でも、率直に思うのは、口説き方や口説き文句なんてどうでもいいということです。

お互いに「感じ合う」ものがあったら自然とくっつくものなんですから。

2

めぐりあい、
そして長続きさせるための
「手づくり恋愛生活」

Mais où est donc l’homme de ma vie ?

愛をいつまでも「長持ち」させるための3つの鍵

愛って、フランス語でいう「エモーション（émotion）」（感情）と「テンション（tension）」（緊張）のことだと思うのです。

いつも恋をしていて、ハッピーで目がピカピカしている人はいませんよね。

私たちは年々、日常の中で新しい出来事にぶつかって生きています。そんな新しい発見やハプニングの多い環境の中で、愛のエモーションやテンションも変化していくのは自然なことだと思います。

自分の心の底に、相手に対する「絶対的な愛」という基盤はあったとしても、ハートはいつもドキドキしているわけではありません。時には静まりかえっていることさえありま す。

日々の出来事、相手との関係はみんなそれぞれ違います。だからこそ、恋愛を成功に導く方法が、誰にとっても同じ共通した「たった一つのルール」しかないなんてありえません。

愛にはルールなんてないのです。

たとえば、自分らしく恋愛を成功させることを「最終目的地」と考えてみると、そこに至るまでのルートは数えきれないほどあります。でも確かにキーポイントやヒント、そう、「地図」は存在するのです。

では、恋愛の成功のキーポイントについて考えてみましょう。

実は、これはとってもシンプルなことなのです。

それは、自分の恋愛の歴史をたどって、決裂で終わってしまったラヴ・ストーリーの根源の理由を探ってみることから始めます。

今の時代はみんな、「時間がない、時間がない」とあわてていますよね。時間がないから考えるのもかったるいと思う人が多いのではないでしょうか？

ちょっと焦らしてしまいましたが、私の思う愛の成功の鍵を打ち明けましょう。

素敵なラヴ・ストーリーのキーポイント。

それはお互いの「尊敬」、「価値観」、そして「セクシュアリティ」だと私は思います。

この三つのキーポイントが全部そろうと、恋愛は一時的な感情に終わらず、長い長いアヴァンチュールになると思います。

そしてもちろん、これは一方的なものではなく、二人で感じ合い、築き上げていくものです。

*長持ちする恋愛のためのキーワード1：尊敬

相手に対する尊敬の気持ちがないと愛は成り立ちません。

尊敬と憧れは違います。みんな、きっと体験してきたことだと思いますが、「憧れ」という言葉の向こうには〝知らない世界〟が秘められています。未知だから余計に魅力を感じるのですね。

昔、私もこの二つを混同させてしまったことがあります。フランスの大変有名な作曲家の取材をして、その人に恋をしてしまったのです。そして、とっても素敵な彼にデートに誘われました。でも、デートを重ねていくうちに自分は彼の作品は好きでも、彼の個性が好きなわけではないということに気がつきました。彼を尊敬していたのではなかったのです。

尊敬は、憧れと違って簡単に消えるものではないのです。

お断わりしておきますが、恋愛をするうえで「相手のすべてを尊敬しなくてはいけない」ということではありません。「すべてが尊敬できる」そんな人が存在するなら紹介していただきたいくらいです。

相手の個性、考え方、生き方、そう、いろいろな面がありますが、その中で一つだけでも、人間として尊敬できる要素があればいいと思います。

しかし、これは数学のように計算するものではありません。無理をして考えることでもありません。これは自然に見えてくるものなのです。

相手がユニークな人だと感じられること、相手の才能を認め、惚(ほ)れること、これは恋愛関係においてとても大事な要素です。

そして相手もあなた自身を尊敬している人でなければ、恋愛なんて成り立ちません。

＊長持ちする恋愛のためのキーワード2：価値観

価値観が違いすぎると二人の共通の時間が減って、別れの原因になりえます。

お互いに違った環境で育ち、違った教育を受け、違うものを聞いて見て育ってきたのだから「価値観がまったく一緒」というのはまれです。でも、価値観がまったく違うと、共通点も少なく、結局、一緒に過ごす時間がなくなり、自分中心にお互いマイペースになって離れていってしまいます。

以前に、お仕事バリバリの男性とつきあったのですが、彼の活気、能力がとても魅力的だったのです。でも、その人に、

「人生、仕事だけではないのよ。オフも貴重なのよ」

と説明しても、繰り返し二人の約束のデートの日をキャンセルして仕事に走る人だったのです。そんな、価値観の合わない人とは別れざるをえませんよね。

恋愛を長い目で考えると、それは同じ屋根の下で生きて、一緒にヴァカンスに行って、友人たちと遊んで……、もしかしたら子どもを作って、と考え始めるとキリがないのですが、たとえば、子どもの教育について、お互いにまったく価値観が異(こと)なっていては生活からは調和は生まれてきません。

アフリカ好きのワイフと中国好きなダンナ。アフリカまでつきあって行ったけれど、毎日ブーブーいうダンナさんなんて、一緒にいても全然面白くない。

こんなふうに、たとえ小さなディテールであっても、価値観の違いが多すぎては別れの原因になりかねません。もちろんお互い尊重し合うのは、とても大切なことで、お互いの「違い」を把握（はあく）したうえでつきあうのも大事です。

一緒になって、共通の目的、共通の夢を持ってそれを築き上げることができたとしたら、それは自然で健康的なことでしょう？

今の時代は、「エゴイズム」「自己中心」「マイペース」という考え方が流行（はや）っていますが、それでは何も始まりません。

愛しているのは自分だけという自己完結愛よりも、相手を愛し、相手に愛される恋愛のほうがクリエイティヴで素敵だと思うのです。

*長持ちする恋愛のためのキーワード3：セクシュアリティ

人を愛するとその人とメイキン・ラヴしたくなる。

日本では「セックスをする」といいますが、私はこの表現が大嫌いなのです。ロマンスのない、愛情のない表現だから。

おつきあいの段階で、どのタイミングにメイキン・ラヴするのがいいのか？

初めてのデートの一週間後であろうと、一年後であろうと、それはみんなの価値観やバイブレーション（感情の波）の違いによるものであり、ケースバイケースなのです。でも、いずれは二人は一線を超えざるをえないほどラブラブになって、そしてメイキン・ラヴする。一回、二回、一〇回、二〇回……。

ある日、大好きなフランス人の男友達とメイキン・ラヴについて話したことがあります。

「好きで好きでどうしようもない男性とメイキン・ラヴをしたけど、どうもまったく波長が合わなかったから、その人と別れた」

と告白しました。お互いに愛し合っているのに、まったくハッピーなメイキン・ラヴになれない。何度も何度もトライしたけれど、いつもがっくりしてしまう、と。すると彼は、

「最初からうまくいくメイキン・ラヴなんて考えられない。これは時間とともにゆっくり二人で築き上げていくものなのだから、彼にその時間を与えなかった君が間違っている」

というのです。

彼が正しいのかもしれない。でも、私はそのボーイフレンドと別れて正しかったとつくづく思うのです。なぜなら、客観的に考えると、彼には、最初に挙げた三つのキーワードの一つが欠けていたから。

相手とのセクシュアルな関係にトラブルが起きたり、相手に対する性欲がなくなるというのは、愛情の低減と直接結びついているのでしょうか？

それは場合によりますよね。でも、一人で悩むよりも、その理由を考え、相手と話し合うのがもっとも健康的ではないかしら。

そういう意味では、気持ちのよいセクシュアリティに欠かせないのは、コミュニケーションです。

考えてみてください。

恋愛もセックスも、こればかりは独り(ひと)で学んでいくものですよね。

彼とのメイキン・ラヴの「あるディテール」が気になることってありますよね。

それから、〝心地よくない〟と思ったことはありませんか？

「きっと私だけがそう思っているに違いない。仕方がない」と独りで悩んだことはありませんか？

そして何もいわずに、そのまま我慢するケースはとても多いと思うのです。

そういうときには自分がおかしい、恥ずかしい、なんて思わないで、相手にお話しするのが一番なのです。彼だって、あなたにハッピーになってほしいのだから、話し合いましょうよ。

それから、メイキン・ラヴでとても大事なのは「演技」をしないことです。

他の章でもこのテーマを取り上げていますが、男性と女性では「天国にいたる」達し方が違うと同時に、性欲も違うのです。

こっちはその気ではないのに、幸せな真似をして男性の「パラダイス行き」を待つ女性は大変多いのです。

これは、日本もフランスも同じだと思います。人生においてずっと「演技」し続けた女性だって少なくないと思うのです。

でも、それでいったい何が楽しいというのでしょうか？

心に嫌な気持ちを抱えたまま演技をするのはやめて、相手と話し合うのが一番いいと思います。

好きなこと、嫌いなことをお互いいい合って、二人にとってバランスのとれたメイキン・ラヴをする。

だって、自分が心地悪いと、相手に心地いい愛をプレゼントできないでしょう？

メイキン・ラヴは拷問（ごうもん）ではないのです。体験して体験して、そしてまた体験して最高だとわかるのです。

受け身でいることが愛なんてとんでもない誤解です。

「理想の人」ではなく「私の人生の人」を見つける

フランスでは、「運命の人」を「ローム・ドゥ・マ・ヴィ（L'homme de ma vie）」（英語に訳せばThe man of my life）といいます。

日本語でいえば「私の人生の人」という意味です。

日本の学校にいた頃は、

「理想の男性ってどういう人？」

と、よく女の子同士で盛り上がった記憶がありますが、個人的には「理想の男性」という表現は幼い頃からバカバカしいと思ってきました。

なぜなら、「理想の男性」なんていないから。

自分が誰かの「理想の女性」ではありえないのだから。

私たちは、長所と欠点があるからこそ私たちであり、その中で「どうしたら自分と合う相手を見つけることができるのか」という課題のほうが、理想像に対する夢みたいな話よりも現実的で面白いと思うのです。

そんなことをいったら夢がないのではないか、と思われるかもしれません。でも、その逆なのです。

完璧なパートナーなんていないから、挑戦がいっぱいあるから、人生はスパイシーなのですね。

スパイスのない恋や愛なんて、なんて退屈なんでしょう!

だから、フランス人はあえて〝ローム・ドゥ・マ・ヴィ（私の人生の男）〟という表現を選ぶのだと思います。

フランスではよく「愛する芸術（L'art d'aimer／ラール・デメ）」という言葉を使います。「術」というのは学んでいくものですよね。

愛も学んでいくものだと思います。

ピカソでさえ、いきなりキュービズム（立体派）やシュールレアリズム（超現実派）にたどり着いたのではありません。風景や静物画を描き、そしてあの有名な『ゲルニカ』に達したのです。

レオナルド・ダ・ヴィンチも人体学や遠近法など、さまざまな研究を重ねたからこそ

『モナリザ』のような傑作（けっさく）を生んだのです。

生きること自体がアートであるように、愛もアートだと思います。

「私」の未来は私が作るのです。

「私の人生」のキャンバスに色をつけるのは私なのです。

そう思いませんか？

さあ、運命の人でも理想の人でもない、「私の人生の人」を見つけなきゃ。

〝僕は君を探し求め、やっと見つけた〟

ある日、フランス人のボーイフレンドからこんなラブレターをいただきました。

〝昔、大昔、君と僕は一体化された生き物で、神様がこの完璧なコンビネーションに嫉妬(しっと)してしまい、我々を分けてしまった。以降、僕は君を探し求め、やっと見つけた〟

素敵な愛の告白ですよね。

彼は、プラトンによる神話を語っていたのです。

この神話によると、かつては男女両方の性を持つ生き物がいて、それには男女両方の顔、四つの手足があったといいます。そして、その生き物はとても幸せでとても強かった。しかし、彼（彼女？）に嫉妬したゼウスはその生き物を二つに割ってしまったのです。

このようにして、二つの異なった生き物、つまり男と女が生まれたという説です。

それからというもの、分けられてしまった各パートは、見失ったもう一つのパートを夢見て求めているというのです。

結びつきの強いカップルがお互いのことを〝ベターハーフ〟と呼ぶのも、もしかしたらこの由来から来ているのでしょうか。

考えてみたら、私たちは幼い頃から独りでは生きていけない生き物です。お母さんのおなかの中で、守られ愛されながら育ってきた記憶というのも、一つの親密な間柄(がら)を必要とする原点になっているのではないでしょうか？

お母さんのおなかから出てきてから、徐々にアイデンティティを持ってきた私たちが、やはり誰かに愛され守られたくなるというのは、ごく自然のことなのです。

孤独には向いていないのですね、人間は。

「恋愛はアートだ」とフランス人はいいますが、愛のない人生って悲しすぎますよね。

愛はアートと同じ。「感じる」か「感じないか」

「恋愛って人生になくてはならないもの？」

そんな質問をフランス人にしたら笑われます。当然ですもの。

愛は人生の重要な課題であり、それがないと生きていけません。

しかし、「恋」は人を幸せにするのでしょうか。

フランス人の作家、フランソワーズ・サガンがいっていたように、恋をしているときは完全な幸福は得られません。二四時間恋人とくっついていたいのに、四六時中一緒にいられるわけではありません。それに、自分の感情についても相手の感情についても完全に自信が持てないのですから。

恋には、気持ちのよい「酔い」があります。

恋は私たちを幸せにするために存在しているのではないのです。恋の悩みや苦しみを乗り越えれば乗り越えるほどに、恋は私たちを強くしてくれるのだと思うのです。

では、「愛」は人を幸せにするのでしょうか？

幸せというのは感情なのです。お金や美貌、権力、所有、認識で幸せになれると思いますか。ノン。幸せなのは、人や物を愛せるからなのですね。

昔、父にいわれた言葉で一生忘れられないフレーズがあります。

「絵（アート）は言葉で説明するものではない。論理や道徳とは関係がない」

愛はアートと同じように、説明する必要のないものなのです。感じるか、感じないかがポイントの感情なのです。アートもそうですが、愛という感情は人を豊かにしていき、また前へ通じる道なのです。

柔は剛より強い、水は岩より強い、愛は暴力より強いという言葉があります。

でも、残念ながら愛が愚かさに負けてしまうこともあるのです。そうでなければ、戦争も起きないでしょう。

〃フランスでは「恋愛こそが道徳」

九〇年代に東京に住んでいた頃、日本人のボーイフレンドと同棲(どうせい)していたのですが、ある日彼氏に、

「来週、実家から親が来るんだけれども、父さんから二人は結婚する意志があるのか？と聞かれたら、『そうだ』と答えてね」

と、いわれてカルチャー・ショックを受けたことがあります。

日本の親というのは、結婚前提ではないカップルが同棲をするのをあまり認めないというのです。私が「そうです」と返事をすれば相手の親を安心させられるのだったらそうするわ、といいましたが内心は複雑な気持ちでした。

フランスでも日本でも、親は子どもが結婚してもおかしくない頃になると、

「そろそろ結婚しないの？」

と、心配をするのは不思議なことではありませんが、日仏では同棲に対する考え方が本

当に違うのだなと思いました。

フランスの親は、子どもの同棲を変な目で見たりしません。かえって、結婚前の「練習」として、いい経験だと思っている人が多いのではないかと思います。特に六〇年代、七〇年代のウーマン・リヴやフェミニズム、パンティストッキングとピルの時代のまっただ中を生きていた私たちのお母さんたちは、

「焦って結婚することはないのよ」

と、まずは同棲を勧めることが少なくありません。

そして同じ同棲でも、フランスにはカップルの「ユニオン・リーブル(Union libre)」という形態が存在するのです。

そう、フランスでは一九六八年五月以降、カップルの形態が大きく変わりました。一九七〇年代以降、離婚が増え、九〇年代には結婚したカップルのおよそ半分が離婚にいたるという統計があります。そんな時代背景があって、正式に結婚をしないで一緒に暮らす「自由結婚カップル」が増え、彼らを支える社会保障の一環として「ユニオン・リーブル」が生まれました。この制度の特徴は、法律的に結婚した配偶者と同じようにいろいろと保障制度が整っているところです。しかも、正式な結婚に比べて離婚のときに別れが

ややこしくないうえに、精神的なプレッシャーも少ないのです。

つまり、正式な結婚をしないで同棲していても、子どもができても、カップルに恋愛があれば親は同棲に対して異論を唱えたり、変だとは思わないのです。社会的に文化的に認められていることなのです。

さらに、一九九九年には「パックス（Pacs）」が生まれました。

これによって、連帯市民契約の法案で「同性同士のカップル」も含めた「同居カップル」が、税金、社会保険、財産、相続の恩恵を受けることが可能になりました。

二〇〇〇年から大手百貨店では「パックス」のカップルのためのウエディング・リスト（結婚するカップルにプレゼントする商品のリスト）のコーナーまでオープンしました。このコーナーでは、男と女、男と男、女と女の二人組のキュートなシンボルマークが飾られ、ホモセクシュアルが、他人からなんの偏見の視線を感じることもなくこのコーナーに行くのですが、こんな風景は日本ではまだまだ見られそうもありませんよね。

正式な「結婚」に比べて、「ユニオン・リーブル」、そして「パックス」では、課税の比率や社会保険、相続などの条件は異なりますが、何も申告しないで同棲するカップルよりも有利な点はたくさんあります（申告はともに、二人が同棲しているという証明になる書類を区役所に届け出ます）。

こんなふうに、フランスでは結婚から自由恋愛まで、しっかりと人権を守る法律があるのです。法的に入籍せずに、カップルのままの状態で二人はそれぞれのアイデンティティをキープしたい、という気持ちがよくうかがえます。

この傾向はカップルに限らず、日常でもよく見られます。

昔、「マダム」は結婚している女性、「マドモアゼル」は未婚の女性を指していました。今は、結婚をしていてもおかしくない年頃の女性を「マダム」と呼ぶのです。

今や、フランスの女性が「モン・マリ（mon mari）」（私のダンナ）や「モン・フィヤンセ（mon fiancé）」（私の婚約者）といっても、その相手が単純にボーイフレンドなのか、結婚の相手なのかはわかりません。そして、それを訊ねるほうもそれを問題にしないのです。

大切なポイントは「モン」（私の）であって「マリ」（ダンナ）や「フィヤンセ」（婚約者）ではないのです。「私の相手」という考え方が大事なのです。正式な結婚が絶対基準なのではなく、恋愛自体が大事なのです。

フランスでは「恋愛こそが道徳」といっても過言ではないのですね。

＝童話や恋愛文学から学ぶ

私は、幼稚園に通っていた四歳の頃、同級生の男の子ジェローム君と腕を組んで歩き、「大きくなったら結婚しようね」と約束し合っていました。

私たちは白雪姫やシンデレラを見て育ち、「愛は永久のもの」と信じて育ちました。幼い頃から学校の国語の時間にはフランスの恋愛文学を学び、作文をたくさん書かされたものです。

考えてみたら、日本とフランスでは国語の時間の発想がまったく異なるのです。

パリの日本人学校（日本でいえば小・中学校にあたります）にいた頃、国語の時間には『平家物語』や宮沢賢治（みやざわけんじ）などを勉強しました。しかし、高校時代にフランスの学校に入学して驚きました。国語の時間には作文といっても日本の感想文的なものではなく、文学を分析することを学ぶのです。しかも、文学は文学でも恋愛物がとても多いのです。一語一句を細かく分析して、そのうえ、それに対する意見を書かされるのです。日本のテスト用紙のように、書き込み形式のプリント用紙ではなく、白い紙に分析と意見を展開していく、という発想なのです。

こんなふうに、フランスの子どもたちは中学時代から恋愛文学を学び、個人的な意見を求められ育ちます。

フランスの子どもは、ペローの『眠れる森の美女』や『シンデレラ』などといった童話を読んで育ちます。一方、日本では『鶴(つる)の恩返し』や『かぐや姫』を幼い頃に読み、一見すると、それらを恩返しの話や善と悪の物語として受けとめがちなのですが、これらも実は素晴らしい愛の話なのですよね。

でも、これらの物語の根底にある愛のストーリーを、子どもたちはどこまで理解しているのでしょうか？　そして、三角関係を学校で分析させられるフランスの子どもたちも、どこまでそれらの話をわかっているのでしょう？

しかし、ここで絶対的にいえるのは、日本の童話や物語のほうがフランスの物語よりも「間接的」だという点だと思います。そこにも国民性が出ていて面白いのです。

ほんとうの意味での「カップル」になる

カップルという言葉の持つ価値観、そして意味は、日本とフランスでは違います。日本でいうカップルとは恋人同士、というニュアンスがあるのに対し、フランスでは二人のユニオン（同盟、結びつき）を意味します。

フランスでは恋人もカップルなのですが、夫婦もカップルであり、ペアで働く人も男同士、女同士もカップルと呼ばれます。カップルとは「二人がつきあっている」という日本的発想だけではなく、二人が一つのユニオンを構成する、という意味。つまり、カップルとは一つのフォルム（形式）なのです。

このカップルの意味の違いに初めて気づいたのは、フランスの幼稚園からパリの日本人学校に入ったときでした。

幼い頃から、「自分の意見をはっきり持つ」という教育を受けているフランスの子どもは、自分と同じ価値観の友達を探します。そして幼い頃からボーイフレンド、もしくはガールフレンドを見つけるものです。つまり、小さい頃からカップルを作り上げていくのですね。みんなと仲良くするよりも、二、三人で構成するマイクログループを作るのです。男同士でも女同士でも男女一緒でも。

ところが、日本の学校では面白いことに、朝の朝礼の整列の段階からすでに男女を別々に並ばせて、先生は、「クラスのみんなと仲良くしましょうね」といいます。そんな言葉はフランスの学校では聞いたことがありません。

団体の調和を尊重し、グループで行動することの多い日本と違ってフランスでは幼い頃から「一対一」の関係を大切にします。この一対一の関係が社会、そして考え方の構造に結びついているといっても過言ではないのです。学校教育の方法でさえ、個人主義と団体主義にハッキリと分かれているのと同様に、大人になっても社会の中の男女の関係は、日本とフランスでは、違いがいろいろあるのです。

春になると、パリでは日本から卒業旅行に来ている人たちをよく目にします。面白いことに、ここでも男女は別なのです。

フランスでは、男女のカップルは外食もパーティーも一緒に出かけます。そして片方しか来ない場合は、

「どうしたの？　夫婦喧嘩したの？」

というジョークが飛んできます。一緒にいない、愛し合っていない、の観念に結びつくのです。

面白いことに、最近のフランスの子どもは自分の親を「パパ」「ママ」と習慣的に呼びません。これにはちょっと驚きますが、子どもが少し大人になってくると、親を名前で呼ぶケースが少なくないのです。もっとも、そのように教育したのは親なのですが、つまり子どもが親を独立したアイデンティティとして認めているのですね。

日本ではお母さんを「洋子」と呼ぶ子どもは、見たこともなければ、想像することもできませんが、お母さんを「イザベル」と呼ぶフランスの子どもは、つまり、相手を母として、そして独立した女性として見ていて、ゆくゆくはパパの好きな女性、として見ていくのだと思います。

そして将来的にはカップルを作り、個人としての自分、そしてカップルの一員としての自分、親としての自分をしっかりバランスよく分けていくのではないでしょうか。

日本人は一度に三役務めるのが下手なのでしょうか？　そんなはずはないですよね。

仕事の顔と、親としての顔は大事です。でも「カップル」の顔も忘れないでくださいね。

愛は独りで学んでいくもの……。

「愛すること」は「見ること」から始まる

愛の深さ、そして面白さは、経験を積み重ねながら学んでいくものですよね。

「人生は学ぶためにある」という表現があるように、「人生は愛の追求」という言葉もあります。

芸術（音楽であろうとダンスや絵、茶道などなど）を学んでマスターしていくように、愛も学んでマスターするものだと思うのです。

考えてみると私たちは、仕事の成功のため、裕福になるために大変なエネルギーを使っているのに、愛を勉強するのにはあまりエネルギーを使っていないような気がするのです。

昔、あるフランス人のボーイフレンドと別れる際に、

「君は愛するという言葉の意味を勉強したほうがいいよ」

といわれたことがあります。

私は、彼に愛を表現しているつもりだったのに、それは彼にとってはまったく愛ではなかったというのです。

今思い返してみると、彼は正しかったのですね。

マンネリの状況の中で愛が薄れていった私は、料理を（無理して）作る、彼に洋服を買う、という表面的なことばかりしていたのです。それは自分の中では精一杯の愛の表現だったのですが、彼にとってみればそれは愛でもなんでもなかったわけですから。

最近、フランスの小説を読んで、とてもいいフレーズを見つけました。

男性で親友同士の会話の中で片方が相手に、

「彼女を愛し過ぎるな。それよりも彼女と一緒の時間を作れ」

という台詞（せりふ）です。

自分では恋人を心から愛していて、頭の中は恋人に対する気持ちでいっぱい。でもその愛情は愛しているだけでは伝わらないということです。

私がボーイフレンドにいわれた言葉で一つ学んだのは、相手が期待する愛の表現と自分が想像するものとは違う、という点です。

ここでいくつか、現在進行形で愛をお勉強中の私が見つけたキーポイントをお伝えしましょう。

まず、どんな「術」を学ぶ際も集中力がなくてはならないということ。

愛がお手軽な「マクドナルド化」してしまった理由としては、私たちは集中力を失いつつあるということが挙げられます。

情報がすぐ手に入る、社会システムがオートマティック化してしまった、情報に侵(おか)されている、などといった理由から、一つのものに集中する姿勢、忍耐力がなくなってきてしまっているのです。

相手の話を真剣に聞かない、自分の欲求だけに走る、それでは愛はしおれる一方だと思いませんか?

それから、何かを学ぶ前提として、尊敬の気持ちは大事ですよね。

恋愛においてもお互い尊敬し合うのは重要。

フランス語で尊敬を「レスペ(Respect)」というのですが、語源はラテン語の「respicere」、つまり〝見る〟という意味なのです。

相手を自分とは違う、独特のアイデンティティを持っている人として見て、受けとめることから愛は始まる……。

つまり、相手との差異を認めることから、愛は始まるべくして始まると思うのです。

カルメンの歌の中にこんな歌詞があります。

「愛はボエームの子ども（L'amour est enfant de bohéme）」

「愛は自由の子ども」という意味です。つまり、愛は束縛（そくばく）の関係ではなく、敬意と自由のバランスだということです。

パリは「芸術の都」、そしてフランス語は「愛の語学」という人がいますが（特にフランス人?）、そんな都・パリの小娘の視点で、愛を芸術として、もっと前向きにできるヒントをおすそ分けできたらと思います。

まず相手を正しく見ること、これが大切だとつくづく思います。

＝後々まで裏切られない「第一印象」のために

初めて誰かと出会うときに、女性は、そして男性は相手のどの部分を見るのでしょうか？

パリの友人たちにこの質問をしたら、女性は最初に「男性の目」を見て、男性は「女性の胸」を見るという返事が一番多かったのです。

男性の視線が自然と胸にいってしまうのは、けっしてエッチなことではないと思うのです。だって、胸って弓矢の的（まと）に似ていると思いませんか？　大きな円があって、中心に小さな円があって、さらにその中に小さな輪がある。弓……、いや、目がそちらのほうに飛んでいくのは無理もないですよね。

私は、相手の男性のルックスや外見はあまり気にしません。

たしかに、最初は目と目のコミュニケーションになりますが、私はその人を「見る」よりも、その人を「聞く」という技（わざ）を使います。

その人が私の話をちゃんと聞いてそれに答えているのか、それとも、すぐに自分中心の話に持っていってしまうタイプなのか。私の話を聞いて、途中で自分の主張をするマイペースタイプなのか、その人が自分の話をしているときにどこまで客観的なのか、ユーモアのセンスがあるのかに注目します。

つまり、その人がどの程度まで相手に対して丁寧というか、エレガントなのかをチェックするのです。

そうすると、後々まで裏切られない第一印象として成り立つことが多いのです。一言でいえば、その人がどこまで自分自身と相手を尊重できるのかが見えるのです。

恋愛で相手を見て、観察するのは当たり前のこと。

同時に、恋愛において、相手を「見る」というのは、相手を「尊敬する」という意味合いに繋がっていると思うのです。

恋をしてお互いラブラブ状態のときは、尊敬なんて水くさいと思ったりしませんか？

それはそれでいいのですね。このときは、どちらかというと女性は相手を尊敬するというよりはかっこいいと思ったりするものです。

しかし、恋のドキドキが冷めていくと、お互いの人格が表に出てくる。そのとき、相手を尊敬できなかったり、相手が実は自分を尊敬していないとわかったら、それはカップルとして問題が生じてくるのです。

ここで大事なのは、自分には受け入れ難(がた)いと思うような相手の人格の違いを拒否することではなく、相手を「見る」ことなのです。

相手をシャープに見るのはとても大切です。

女性は、相手を変えられるものだと思いがちなのですが、そんな発想はゴミ箱へポイッと捨てましょう。

また、恋愛というのは束縛でも利用でもないのです。愛は、分かち合いであり、ビジネスではないのです。それよりも、相手の人格を尊重し、その根底で彼が成長し、大きくなっていくのを見守り、応援するのはとても大切なことだと思うのです。

相手を知る、その前提として自分を知る、というのは欠かせない条件です。

今日、彼はイライラしている。それは誰にも見えることですよね。でもそのイライラはストレスからきているのか、何かの失敗からきているのか、または何かに対する心配からきているのか……。それを見抜くことができるとしたら、相手に対する前向きな姿勢が持てると思いませんか？

3

もっと2人でハッピーになるための「手づくり恋愛生活」

Alors, heureuse ?

ついに恋の魔法が消え去っても……

恋の魔法は少しずつ薄れて消えていくもの。

メイキン・ラヴを繰り返し、繰り返し、そして少しずつ落ち着いてくる。一緒に自分たち二人のストーリーを作りたくなる。そして、ついに恋が愛へと変わっていく……。

この過程で、2章で挙げた三つのキーポイントが実在するならきっと大丈夫。ここで二人には、素顔を見せる時期がやってきます。そう、「恋」の時期には相手の長所しか見えなかった。そして、自分も洋服や振る舞いを一生懸命考えて交際をしてきた。恋をすると周り(まわ)が見えなくなると同時に耳も聞こえない。つまり見たいものしか見えないし、聞きたいことしか聞こえてこない。

でも、相手の「愛」を確認するとフワッと以前の気づかいが消えて、安心とともにお互い自分の素顔を見せるようになる。聞きたくないことをいっぱい聞いてしまう。今まで見えなかったものがたくさん出てくる。

恋から愛へ変わること、これはある意味では、相手をもう一度「選ぶ」ということだと思うのです。「理想像」としての相手から「欠点も長所も持っている」相手としてあらためて選んだ段階、そこから恋から愛に移行するのではないでしょうか。

また、相手の独自の個性を認めたうえでつきあっていくのですね。

そして口喧嘩の嵐が始まる。やがて二人は、「恋人」つまり「味方同士」から「愛し合う敵同士」へと……。

他の人がいる前で相手の文句をいうことってありませんか？

皮肉をたくさんいってしまうことってないですか？

日本とフランスでは、この「愛し合う敵同士」の露出度が違うから面白いのです。

日本でもフランスでも本当は「愛し合う敵同士」はいっぱいいるのに、日本ではあまり外からは見えてきません。本音と建て前、礼儀を重んじる文化からきているのでしょうか。あるいは、他人には恥ずかしい面は一切見せないという教育からなのでしょうか。

フランスのカップルは、よく人前で文句をいい合います。

たとえば友人を招いてみんなで食事をしているとき。パンが足りなくなったことに気づいた彼女が彼に、

「もっとパンを買っておくべきだったわね」

と指摘すると、

「君こそ、最近全然アイロンがけしてないじゃん」

いきなり他のみんなとは関係のない文句をいって、そこから二人が皮肉をいい合う、なんていうことは珍しいことではありません。

この関係が悪化したり、下品になると破局に終わるのですが、軽いタッチなら逆に大丈夫なのです。二人はいちいちショックを受けず、ゲームになってくるものです。ちょっと挑発し合って、相手の言葉にどんなシャープな返事を出すのか、出されるのかという相手の手のうちを読むゲームになるのです。

このゲームが一生続くカップルもいます。愚痴の連発になると、それは悲しい関係なのですが、相手の弱点をシャープにいう、というのはなかなか面白い頭の運動です。相手をバカなヤツだと思っていたら、いちいちそんなコメントを飛ばして挑発してみる価値はありませんよね。

相手のレベルの高さを知っているからこそ、このゲームが楽しめるのです。

そして、喧嘩で終わるのではなく、微笑みで終わるから楽しいのですね。

いつもの喧嘩を繰り返さないために

男と女は違う……。

当たり前なのですが、それを普段からもっと意識していると、くだらない喧嘩が減ると思うのです。日本でもフランスでも、喧嘩のきっかけはほとんど同じ。しょっちゅう同じ原因で同じ喧嘩をするよりも、男女の違いを知っておくと、ものの見方も変わってくると思うのです。

しかし、「男と女は違うから何でも許せる」ということではありません。でも科学的な違いはちょっと許してあげましょうよ。

◎女性の文句：その1

「昔、恋をしていた頃あんなにおしゃべりだった彼が、あんなに私に興味を示していた彼が、時が経(た)つにつれて無口になってきている」

という不満、ありませんか？　日本でもフランスでも、彼氏の口数の少なさに困っている女性は多いのではないでしょうか？

長い期間同棲していた彼氏が、家に帰ると無口状態、というのを私も体験しました。二人とも落ち着いてしまっていたのですね。彼に、自分の仕事の話や今日起きたことを話しても、リアクションがなくてイライラすることがありました。こんなときのディナーのまずさったら、忘れられませんよね。

そんなとき、気まぐれに読んでみた医学の本に、思わぬヒントを見つけて「なるほど」と思ったものです。そこには大変面白いことが書かれていました。男性の脳は、「言葉」をつかさどる神経は女性の脳よりも発達していないとか。吃音（きつおん）も男性のほうが女性の五倍にもなるというのです。失語症患者は男性に多く、女性の五倍という調べがあります。それからというもの、「なんで何もいってくれないの？」と怒りたくなる前に、その本から得たヒントを思い出すようになったのですね。

そう、もっと紳士的（!?）になって、彼が興味のありそうな会話を進めてみてはいかがでしょう。

◎女性の文句：その2「彼ったらセックスのことしか頭にないのかしら」

男性に対する性的不満を持っている女性は多いはず。しかし、これも医学的に説明できるのです。男性は女性のおよそ二倍の性欲があるのだそうです。そんな男性とは対照的に女性のほうは行為自体よりも、そのときのムードに感動するんですね。

◎女性の文句：その3「仕事ばかりに集中して、私を忘れているみたい」

男性って仕事が成功してノッているときは、メイキン・ラヴも元気で活発だったりするのです。しかし、仕事が成功するまで、その途中の段階では女性のことまで頭が回らなかったりします。

特に日本では、近頃の男はプレッシャーに弱いといわれています。ここでは彼を責めないで、タイミングをはかって、優しく誘惑するしかないのではないでしょうか。

◎男性の文句：その1「女性はいつも文句ばっかりいう」

いつも大騒ぎしている。なかなか満足してくれない。

彼女を喜ばせるために彼が努力をしても、ああだこうだと文句のネタを見つける女性……。こんなとき、男性はどうすればいいのかわからなくなるんでしょうね。

前にも書いたように、男性は女性ほどおしゃべりではないのです。

彼らは、ほとんどの場合、情報を伝えるためにしゃべるのですが、用件が終わるとおしゃべりも終わるのです。女性は特別な用件がなくてもずっとしゃべっていられますよね。でも、女性が文句をいうのはそれに答えてほしいからではなく、文句自体がコミュニケーションの手段だったりするのです。

「もう、今の仕事のパートナーったら、本当にバカなのよ」から始まってえんえん文句をいい続ける女性。そして私……。そんな話をボーイフレンドにしてもまったく真剣に聞いてくれないのです。そう、私たち女性は「理解」してもらうより、「聞いて」もらいたいのです。

男性のあなた、「またか」と嫌な顔をして引っ込まないで！　彼女の隣に座って聞いてあげましょうよ、たまには。

◎男性の文句：その2「セックスさせてくれない」

ぬふふ。女性独特の「今夜は頭が痛いの」という嘘の繰り返しに耐えられない男性の気持ち……。性欲の違いを考慮すれば、彼らがセックスしたくても、彼女にその気がないときにぶつかるのは自然というか、一般的だと思うのです。

しかし、男性にとっては「セックスさせてくれない」＝「愛してくれていない」に繋がるのです。男性のみなさん（あるいは、彼はきっとこんな文句をいいたいのだろうと想像しているあなた。このページを開いてさりげなく彼に見せてみては？　口でいうよりも効果がありそうです）、女性というのは一般的にセックス・オンリーのメイキン・ラヴよりも、ロマンティックでムーディーで感情的な愛に感動できるのです。

二人で話し合って、素直に、彼女がどういうメイキン・ラヴを好むのかを聞いてみるのは、とても前向きだと思います。

愛につきものの「ズレ」を修復する方法

愛があるから絶対に理解し合える、なんて思うのはちょっと甘いのです。

つきあっていくうちに、一緒に暮らしていくうちに、当然のごとく、お互いの違いが見えてきます。

たとえば、私はテクノ音楽が好きなのに、彼はロックしか聴かない。彼は家にこもるのが好きなのに、私は外に出るのが好き。彼は整理整頓がきっちりしているけど、私はどうもそれができない。私は実家に戻るのが好きだけど、彼は親に会いたくないという……。

などなど、お互いの個性の違いが見えてくる。

そして口喧嘩が増えてくる。独立した二つのアイデンティティがぶつかるのは当たり前なのです。いずれはこのクラッシュが起きるのです。でも、このクラッシュでストレスを溜めるのは非健康的。

そこで、2章で述べた三つのキーポイントを思い出してはいかが？

そしてお互いのポジション、位置づけを考えればいいのです。というよりは、自然と位置づけは築き上げられるものなのです。

＊お互いの「領土」を大切にすること

一緒に生活をしていくと、お互いの領土というか、担当部分、得意部分というのが見えてきて、その中で二人はフォローし合うものですよね。

男性と女性は異なったアイデンティティであり、お互い弱点と長所がバランスよく組み合わさって、「カップル」という一つの「和」が生きてくると思うのです。

恋をしているときは、相手の愛をキャッチして相手のエモーションをコントロールする、ということになりますね。

先にその感覚を得たほうが安心した気分になるのですが、カップルの「和」が整った頃……二人の間に〝落ち着き〟が現われる頃に、「愛のズレ」も現われてくるのです。

ある日、片方が二人の恋愛よりも他のことにもっと惹かれていく。自分の時間が欲しくなり、恋愛相手との距離が必要になってくるときがきます。

でも、これは浮気とはまったく関係がありません。相手に対する愛のクオリティが変わる、という意味でもありません。

愛のテンションが変わる、ということでしょうか。

これまで、一時やめていた趣味や、友人とのお出かけなど、「自分の時間」を求めたくなるものなのです。

この状態が二人に同時に起きるなら問題はまったくありません。二人は同じ波長なのですから。

私にも苦い経験があります。

以前、フランス人のボーイフレンドと同棲していたときに、私はこのカップルの関係に落ち着いて、無意識に彼との時間を思い切り減らしてしまうようになったのです。

しかし、それは彼を愛していないという意味ではありませんでした。でも、彼から、

「どうしてそんなに冷たいの？」

と、責められれば責められるほど嫌になってしまったのです。

自分だけが、いわゆる〝インディペンデンス（独立）〟を求め、彼がまだラブラブの〝いつも一緒にいたい〟状態では、彼は苦しんでしまうのです（最終的には自分も苦しみます）。

これが愛の〝ズレ〟なのです。

おなかがいっぱいではおなかがすきません。

この場合、私はもうおなかがいっぱいで、彼はまだおなかがすいているのです。

彼は、私が自分から離れていく気分になって、愛されていないのだと誤解をしてしまう。

そして一生懸命相手を魅惑してこっちのほうへ引いてみる。しかし、おなかいっぱいの人に直径三〇センチのチョコレートケーキを「召し上がれ！」と出したらどうなると思いますか？　余計に離れていきますよね。

この愛の〝ズレ〟って、みんな経験していることなのに、この原理を知らない人が多いと思うのです。

私にとっては、自分の数々の経験（失敗談！）を思い返してみても、愛を語るうえではものすごく大事な点なのです、このパラドックス（逆説）。

自分の心理をコントロールしないでいると、相手の心理もわかりっこないのです。でも、このパラドックスを知っていると、破局が破局どころか、もっと素敵なラヴ・ストーリーになりうるのです。

そこで相手への「尊重」が大事になってくるのですね。

相手が愛におなかいっぱいになったら、そうっとしておいてあげてくださいな。ここでヒステリックになって喧嘩をしても何も始まらない。反対に、終わってしまうかもしれません。

相手の空腹を待っていれば、当然こっちに帰ってきます。

「あぁ、なんて私は可哀想なのかしら」なんて犠牲者ごっこをしないで、この時期は他のことに集中してみてはいかが？

泣いて、わめいてばかりでは、ボロボロになるだけ。

相手の考え方を変えようと思っても変わらないのです。

楽しいことをして、綺麗になって、自信を取り戻すことが大事です。

逆に、おなかいっぱいのあなたなら、あなたのほうが余裕があるのだから、「愛してる」という気持ちを表現しなきゃ。それこそが愛情なのです。

お互いの距離感のバランス作りが大事なのですね。

恋人同士はすべてを打ち明けあうべきか

シェイクスピアの戯曲の中の有名な台詞に、

「To be or not to be, that's the question（生きるべきか、死ぬべきか、それが問題だ）」

というのがありますね。

この言葉を、恋愛関係に当てはめて考えてみると、

「To know or not to know, that's the question（知るべきか、知らざるべきか、それが問題だ）」

ということになります。

つまり、お互いに秘密なくすべてを打ち明け合うのか、知って辛くなってしまうことはお互い打ち明けないのか。あなたはどちらの考え方を選んでいますか？

私はかつて、日仏を問わず、彼氏とつきあい始めるときは、

「何があっても、素直にいい合おうね、話し合おうね」

という約束をしていました。

しかし、すべてをオープンにしていくうちに、それが必ずしもよい方法ではないのだと気づいたのです。

ある日、ボーイフレンドにこんなことを打ち明けました。

「あなたとつきあい始めたとき、同時に違う男性にも恋をしていたの。お互いとっても気が合ったんだけど、やっぱりあなたが最高ね！」

「今日はいい天気ね」というのと同じ軽いノリで発したこの言葉が、彼を予想以上に傷つけてしまったのです。傷つけるどころか、喜ばすつもりでいったのに。

しかも、おバカさんな私は、その男性の名前もいってしまったのです。とってもよい関係の知り合い同士だった彼らは、それ以降、私のせいでつきあいをやめました。ボーイフレンドが彼に対してジェラシーを感じ、それを相手も感じ取ったため、とっても居心地の悪い環境を生んでしまったのです。

ある晩、友人からこんな電話がかかってきました。

「ねえ、私、彼以外の男とディープ・キッスしてしまったの」

電話の向こうから聞こえてきたイザベルの泣きそうな声。彼女はクラブで酔った勢いで、その夜会ったばかりの他人とキスをして、あまりの後悔にそれを自分のボーイフレンドに打ち明けないと気がすまない、というのです。

たとえ、見知らぬ相手でも、本気で好きになったのなら問題は違ってきますが、一瞬のノリの、本気でも、ましてや浮気でもないこの体験を彼に打ち明けることはないと勧めました。でも彼女は、彼に打ち明けないと、彼に嘘をついている気分で、その気持ち自体が裏切りだというのです。

しかし、ここで彼女がクリアすべきなのは自分自身の気持ちであって、その問題をボーイフレンドにまで持ち込んだところで意味がないと思うのです。つまり、小さなハプニングは相手に打ち明けないほうが賢明だと思うのです。

なぜなら、もし打ち明けたとしてもネガティヴなことしか生まれないから。彼が傷つくだけだから。許してくれても、彼のプライドが傷つくだけです。

だからこういう場合は、この出来事が大騒ぎするほど重大なことではないのだと判断をする余裕を持つしかないと思うのです。

でも、そう書くのは簡単だけど、現実に起きてしまったら、そう簡単には解決なんてできやしない、と思うでしょう？　しかし、方法はあるのです。

*嫌なことが起こったら〝フムフム教〟のすすめ

昔、大昔（いったい私はいくつ？）、ボーイフレンドに浮気されて、落ち込んでいた私は男友達に相談したのです。

そのとき、彼は、それ以来、忘れることのできない面白い話をしてくれたのです。

「君は〝フムフム教〟を知らないね？」

涙で目が真っ赤になった私は、ただでさえ大きい目をさらに大きく開けて、ハテナ？と首を傾（かし）げたのです。

「フムフム教というのはね、頭にくること、嫌なことが起きるたびに、フムフム、と三〇回はゆっくりと繰り返しうなずくことなのさ。そうするとさっきまでストレスの元だった怒りが消えて、ちっぽけなものだとわかったり、怒りよりも解決方法に集中できるってわけ」

その後、私はこの〝フムフム教〟の「信者」になりました。フムフム教のおかげで許せること、許せないこと、ちっぽけなこと、重要なことが見分けられるようになったのです。

恋愛って完璧ではないのです。

時にはミスを犯します。相手を傷つける結果にしかならない、そんな小さなミスを犯したときには、自動的に相手に打ち明けるよりも、その事実を自分の中で溜めないでポイッと捨てたほうがいいと思うのです。そうすれば、相手も傷つかないですむ。そして一度犯したミスは二度と繰り返さないと自分に約束してみるのはいかがでしょう。

過去の恋人との関係や、今の恋人との比較、小さな浮気といったものはしゃべらないことをお勧めします。

「打ち明ける」、ということは、自分や相手に対して正直でありたいという、素直な気持ちの表われなのですが、実は自分の中の罪悪感を取り去るためであり、打ち明けられた相手にしてみれば傷つくだけで、まったくポジティヴではないのです。

しかも、こういうことに限って相手の記憶の底に残るものです。

この私の意見に賛成できない人の気持ちもわかります。

愛はマイペースですよね。みんな異なった視点を持っていて、みんな違うラヴ・ストーリーを作って生きているのですから。

でも私は、大事なことは絶対に打ち明けても、相手が知りたくないことは知らせないほうがいいと思います。

二人のことは二人にしかわからない

パリから東京に到着して、時差ボケのせいで朝早くから目が覚めてテレビをつけると、タレントの離婚の記者会見が画面に映り、ヒヤッとしてしまうことがあります。こんな朝っぱらから、恋愛スキャンダルを取り上げて盛り上げている日本のテレビ。

そんなとき、この国は本当に幸せな国なのだなと思うのです。異国では戦争が起きているというのに、日本は恋愛ゴシップをえんえんと取り上げているなんて。

そして、もう一つ思うのは、恋愛はプライベートなことであり、他人が批判するものではないということ。

テレビは社会の窓。もっと幅広くいってしまえばメディアが社会の顔だといえます。日本のテレビとフランスのテレビでは、もちろん違いはたくさんありますが、ゴシップ番組に関しては、日本のほうがかなり多いというのはいうまでもありません。朝、昼、晩と飽(あ)きることなく有名人や政治家の恋愛のスクープやゴシップを放映するワイドショー。

やれ、誰々は不倫をしている、誰々は離婚をする、とスキャンダラスに発表する日本のメディア。タレントや有名人が記者会見をするのを見るたびに「ああ、可哀想」と思ってしまいます。いったい彼らはどうしてプライバシーまでを国民に広めなければいけないのだろうか？　とあきれてしまうのです。

日本では、恋愛の暴露（ばくろ）はスキャンダルとして成り立ちますが、フランスでは恋愛スキャンダルは、俗にいう「スキャンダル」ではありません。

恋愛は恋愛なのです。

そして恋愛はプライベートなものであり、他人が批判するものではないのです。

数年前に「ミッテラン大統領に隠し子がいる」とメディアが報じたときにも、批判的な意見はあまり発生しませんでした。スキャンダルどころか、「だから何？」というリアクションがほとんどでした。

政治家や有名人の金銭スキャンダルには興味がある。でも恋愛に関しては、揶揄（やゆ）、つまりからかうことなく、価値判断をしない。それは民主主義と自由という価値観、そしてプライバシーの価値観にも結びついているからではないでしょうか。

フランスでは、カップルの問題はカップルだけの問題であって、他のみんなの問題ではないのです。しかし、日本ではカップルの問題がみんなの問題となってもおかしくありません。日本では、周りを意識しすぎているのではないでしょうか。

夫婦喧嘩をして大きな声を出したら、周りのみんなにわかってしまう、夫婦仲が悪いのが会社にばれたらイメージが悪い、など外の視線を過剰に意識しているような気がするのです。とっても悪い表現ですが、日本独特のマスのノーマリティー、つまり、「みんな一緒でなければいけない」、「出る杭は打たれる」という意識がまだ高いのではないでしょうか。でも、夫婦喧嘩って必要なのです。思いきってぶつかり合うほうが、静かに我慢するよりも健康的だと思いませんか？

私の住んでいるパリのアパルトマンでは、しょっちゅう他人の夫婦喧嘩の叫び声が聞こえてきます。「おー、やってるぞ」と思う程度で、後でその人たちと廊下で会っても何とも思いません。彼らのカップルの問題は、彼らの問題であり、私がそれに対して批判する権利はないのです。

たとえば、友達から恋愛の相談があるときには自分の意見はいいますが、相手の男性をよく知らない場合は、あまりインスピレーションが湧いてこないのです。そしてあらかじめ、

「私の意見は参考にならないかもしれない」

とはっきりいいます。なぜなら私は彼女の描く彼の像しか知らないのであって、直接、彼を知っているわけではないからです。恋愛の相談はするほうもされるほうも、カップルの二人双方をよく知っていないとスマートなアドバイスは出てきません。

でも友達に相談をするのは、二つの意味でよいことだと思います。

一つには、独りで悩んで殻に閉じこもるよりも、話をするだけでもストレスを発散できるということ。もう一つは、友達には本当の事情など理解してもらえないと思いつつも、意見をもらうことで、自分も気づいていない客観的な側面が見えてくることがあります。

愛について考えたり悩んだりすることはとても自然なことで、それが破局や離婚に終わってしまっても、ザッツ・ライフなのです。変なことではないのです。

フランスはそれを批判する国ではありません。

愛は人生の大事な課題なのですから。

フレンチ・キッスの由来

日本ではクシャミをすると「誰かが噂(うわさ)している」といいますよね。フランスではクシャミを二回続けると、「誰かがキスをする」といいます。

私はずっと、フレンチ・キッスの由来を探してきました。みなさんも興味がありませんか？　いったい人間はいつからフレンチ・キッスを始めたのか知りたくないですか？

実は、フランスでは一九一四年まで、愛の表現として、女性は男性に胸や体を撫(な)でられるのは大いに好んでも、キスやディープ・キッスは大変失礼とされていたらしいのです。接吻(せっぷん)は、当時、ハラスメントのように許されないこととなっていました。キリスト教は、性的表現には大変堅く、乱れた性行為は悪魔の象徴だという教えがありました。

しかし、その二〇年後、キスはタブーどころか、愛の証(あかし)として当たり前、いや、「しなくてはいけないもの」へと変わっていったのです。一九三〇年代のフランスの絵はがきを見ると、この時期から愛を象徴するベル・エポックの絵は接吻をする二人の恋人を描いています。

いったいどうしてそうした変化が起きたのでしょうか。

そして、日本ではいつから接吻を交わすようになったのでしょう？

ジャン・リュック・トゥルニエの『Petite encyclopedié du baiser（キス辞典）』（Favre出版）によると十九世紀まで日本では接吻はまったく存在していません。その証拠に、アメリカの兵士が日本の若い女性と恋に落ち、思わずキッスをしようとしたら、顔を食べられるのではないかと思った彼女は走って逃げた、という説があるほどです。しかし、著者も書いているように、もっと昔から存在する浮世絵を見ると、男女のキスシーンはたくさん描かれており、日本人はセックスにおいてはけっして初心な国民ではないことがうかがえます。

キッスの映像が初めて登場したのは、一八九六年、ロサンゼルスの小さな劇場。無声映画で初めてキスシーンが登場し、センセーションを巻き起こしました。しかし、一九二八年からは、イギリスをはじめ多くの国でキスシーンが禁止されるのです。

『La partie de campagne（邦題・ピクニック）』という映画。フランスのジャン・ルノアール監督の一九三六年の初代の有名なキスシーンといえば、一方、一九二〇年代の日本ではキスシーンは禁止、日本のマーケットへ上陸したいヨーロッパの映画監督は、日本市場向けにキスシーンをすべて編集でカットするということもありました。そして、日本で洋画、そしてキスシーンが初めて観られるようになったのは一九三三年からのこと。およそ七〇年経った今、フレンチ・キッスはよりポピュラーになり、音楽のビデオクリップや広告の主人公になっていますね。

私が長年つきあったフランス人のボーイフレンドは、キッスの名人でした。初めて彼に、

「今日はどんなキスが欲しい？　どこにキスして欲しい？」

と聞かれたときはちょっとドキドキしたものです。

たとえば、彼のいう〝魚のキッス〟は、ちょっとゆっくりと触れるか触れないかのギリギリのキッスを続ける技。〝すずめのキッス〟は、ちゅんちゅんと素早くキッスをする技。

彼には数えきれないほどのキッスの技のバリエーションがあるのです。

メイキン・ラヴだって、キスから始まってキスで終わるのが素敵なんですよね。

キスっていいですね。

彼の「本性」がわかるとっておきの方法

東京に住んでいた頃、惚れていたボーイフレンドを必ずパリに連れて行くことにしていました。

なぜだかわかりますか？

それには理由が三つあります。

一つには彼と異国（私にとって異国ではありませんが）でデートを楽しみたかったということ。

もう一つには、「素敵だなあ、ずっと一緒にいたいなあ」と思う彼を親に紹介したかったということ。

恋人を親に紹介するというのは、日本とフランスではまったく感覚が違います。日本人が親に恋愛の相手を紹介するのは、「よし、決めたぞ、この人と結婚したい」という段階に至ったときなのですね、ほとんどの場合。だから変に力が入ったり、不自然になったりするのです。まるで試験を受けに行くような感覚になってしまう。

ところが、フランスでは結婚願望があろうとなかろうと、自分の好きな人はコンプレックスなく親に紹介します。しかし、機械的に、みんながみんな自分の恋人を親に紹介するわけではないのですよ。無理して紹介するのではないのですから。そういうきっかけを、あえて作るのでもありません。

たとえば、今年の夏休みは実家で過ごそうと思ったときや、親が家に来るときは自分の恋人を隠さないという意味です。親も親で、子どもに恋人を紹介されたからって何も深刻に思ったりしません。だから、とてもリラックスして自分の恋人を親に紹介できるのです。

私は、親とはとても仲がよく、親も私を尊重してくれる関係だったので、彼らにボーイフレンドを紹介するのは楽しかった。親は、私のプライバシーをいつも尊重してくれる存在で、私は彼らのリアクションを内心とても楽しみにしていたのです。父と彼氏の会話なんて、もう、ほっぺたが落ちそうなくらい、内心ものすごくニヤニヤしながら、というか楽しみながら、耳をダンボ状態にしながら（しかし、外見はとてもクールにすまして）聞くのが大好きだったのです。思い出すだけでまたニヤニヤしてしまう私です。

さて、もう一つは、外国での彼の生き方を見たかったということ。人間って、自分の慣れていない環境に置かれると、右も左もわかりませんよね。この「？」だらけの白紙の環境の中で、彼がどういう行動をとるのか、それが見たかったのです。

外国では環境が違うだけではなく、価値観も違います。言葉も通じない。習慣ももちろん異なります。つまり、母国ではいくらでも気取ったり格好つけたりできますが、外国ではそれが通らなかったりするのですね。

また本人も、潜在意識の中では、「ここは僕の国ではない」、「一時的にいる場所である」、「このレストランにいるこの人たちだってもう一生顔を合わせることはない」、という気持ちになり、格好をつける意味はなくなります。そして、外国で不安を感じたり、落ち着かない人はそれを露骨に表現したりするのです。

それから、彼の中の個人的なステータスは外国ではゼロ。

ここでいうステータスというのは、たとえば彼の職業や彼が仕事に対して持っているプライド、自信などです。当然、外国にいると彼の職業なんか顔に書かれていない。人は彼の個性を見るのであって彼のステータスを見ることはありません。

そうすると、彼の素顔が見えてしまうのです。母国で発揮できた安心感、価値観、ステータスが一切消された、ある意味で裸の状態になるのです。もう、楽しいですよ。

そんな、パリで「裸」にされたボーイフレンドのリアクション例を二つ挙げましょう。

「君の家の電話番号と公衆電話の使い方を教えて」

といった彼。何をするのかと思ったら、街を適当に歩いて散歩をして、自分なりにこの街を発見して、もし帰り方がわからなくなったら電話をする、というのです。「いいなぁ、この男」と思いましたね。

ところが、もう一人の彼の場合、どこに行くにも「一緒に来てくれ」、自分の用事なのに自分で電話をしないで私に頼ってばかり。

こういう旅先では、人の独立性ばかりではなく、日常の小さなディテールもいろいろ見えてしまうのです。家で食事をした後に片づけに参加するかどうか、ベッドメイキングをするかどうか、自分の目的を作って行動的になるか、それともこっちのアドバイスだけに頼るのか、友達に紹介すると彼らとしゃべってみるのか、などなど彼の本当の顔や教養がわかってしまうのです。

誰でもそうですが、クエスチョンマークだらけの国に行ってまったく困らないことって少ないのです。

そこで格好をつけて、困っている自分を出さない人もいれば、「困った困った」と焦ってしまう人、「ママ、助けて！」と一方的に頼る人、いろんなキャラクターがありますよね。私は、困ったことがあったときには素直にあっけらかんと「困った、ワッハッハ」というタイプが好きなのですが。

旅は、相手の素顔ウォッチングのとてもいい手段です。

だから、きっと「成田離婚(なりた)」という現象が現われたのだと思います。だって一年（五年でも五カ月でも人さまざまですが）同棲して少しずつジワジワと見えてくるものが、一回の旅で一気に見えちゃうんだもの、恐いですね。ふっふっふ。

二人にとっての外国だったらお互い様です。それも面白い。

共通の友達がもたらす「スパイス」

日本ではカップルの関係が落ち着くと、少しずつ二人の間の会話が減ってくることって多いと思うのですが、どうでしょう？

その理由の一つとして、お互いに共通の友達が少ない、という点が挙げられます。

ここでも日本とフランスの大きな違いが見えます。それは友達の存在。

フランスでは、友達と知人の区別がはっきりしています。日本ではその区別がよくわからないことがあるのです。それは友達とも〝建て前〟意識でつきあっているからではないのでしょうか（一般論にはしたくないのですが、そう思うことがしばしばあります）。

フランスでは、疲れている日に友人から誘いの電話がきてクールに追っ払っても、相手はまったく気を悪くしません。でも日本の場合、疲れていることを説明してさらに謝ったりしなければいけない。

フランスは、個々を尊重する国だから、その日のご機嫌次第でいちいち相手に文句をいわれることはないのです。ここで謝る日本人も相手を尊重しているといえるのですが、それは尊重というよりは気づかいだと思うのです。

しかし、友人に気をつかうのって友情だといえるのでしょうか。フランスの場合、「本音と建て前」ではなく「本音と本音」の関係なのです（礼儀ももちろん大切です）。

日本では、友達でも、なかなか家に招きませんよね。その一方では、日本の一般的な家の鍵は外国人の泥棒さんが見たら大笑いしてしまうほど開閉システムが簡単だったりします。

反対に、フランスでは、友人はいつ家に来ても大丈夫な関係にあるのです。部屋がごちゃごちゃでも構わないのです。綺麗ごとな関係ではないのだもの。本当の友達だもの。その反面、家の門が開くまでに、外の門の暗証コードと家の門の暗証コードを知らないと誰も入れない。この日仏の違いって面白いですね。

フランスのカップルというのは、友達と一緒に出かけることが多いのです。友人たちと遊びに行ったり、また彼らを二人が暮らしている家に招いたりします。そこには友人の友人も（当然独身も）いたりして、ごく自然と新しい人々と出会うきっかけがあるのです。逆に日本の場合、カップルの共通の友達があまりいないのではないでしょうか。

以前、東京に住んでいた頃、ボーイフレンドと同棲していたときにそのことに気づいたのです。彼には彼の世界の友達がいて、私には私の世界の友達がいました。そして、お互いとても自由に、別行動でお互いの友人たちと出かけて遊びに行っていたのです。

カップルの中で、お互いのプライベートな時間を尊重するのはとても大事なこと、この日本的な発想は大変魅力的だと思っていたのです。でもこれには落とし穴があるのですね。

二人で一緒にいるときの会話が盛り上がらないのです。落ち着いたカップルって、今さら恋愛や哲学について語り合いませんよね。でも、

「家賃、払いに行かなきゃ」

「今夜は何が食べたい？」

「明日、ゴミを出してね」

だけでは悲しすぎるでしょう？　お互いマイペースになって、自分の遊び時間は自分の友達と、という発想では、それで満足してそれが当たり前と思ってしまって、ある意味ではエゴイスティックになってしまうんですね。恋人同士で遊ぶことを忘れがちになってし

まうのです。

フランスに帰って、新たなボーイフレンドと同棲してみてこれらのことに気づいたのです。仕事の後に彼とカフェで待ち合わせをして、そして友人が来てみんなでレストランに行く。このようにして、彼は私に友人を紹介し、私は彼に私の友人を紹介し、時には彼が私の女友達と一緒にお茶をすることもあれば、彼が忙しいときに彼の男友達に家の男仕事を手伝ってもらうという関係。

こっちのほうが健康的だと思いませんか？

そして家で二人きりのときは、お互いに共通する内容について会話をするのです。その中には友人のお話もしばしば出てきます。そして、自然と人生観など、いろんなことについて語り合い、話が盛り上がってくるものなのです。

二人に共通の友人がいなければ、みんなで一緒に出かけることもなく、日本によくありがちな、外は外、家は家で、外では一人で友人と遊び、家に帰ると家事の話だけで終わるという退屈な状態になってしまうのです。

そういう意味で、二人にとって共通の友達を持つのはとても大事なのですね。

ユーモアは、愛情を計る(はか)バロメーター

メイキン・ラヴしていてふと目を開けて、相手と視線が合った瞬間、笑うことってないですか?

このときの微笑みって、二人だけの絆(きずな)の微笑みなんですね。

ある精神科医の、「笑いによって性の問題を抱えている患者を治す方法がある」という話を聞いたことがあります。笑いはホルモンのシステムに効果的だとか。

そんなことを知らなくても、カップルの日常における笑いの要素は欠かせないものだと思います。ここでいう笑いは、一般的な冗談ではなく、自分、もしくは相手を指す「笑い文句」です。

日本には愚痴という言葉はありますが、私はこの言葉がどうも好きになれません。

他人の前でワイフの愚痴をこぼす人ってシャープだと思えないのです。文句があるのなら本人の前でいってほしい。

フランス人は、そういう意味でなかなか面白い発想を考えたものです。

フランス人のカップルは、よくお互いのブラックアイロニーをいい合います。愚痴の嫌らしさのレベルから、ワンランクアップのシャープな皮肉の連発です。

しかし、ここで大切なのは、このアイロニーの目的は最終的に相手を傷つけることではなく、笑うことにあるということです。

私のパリのボーイフレンドは、友達の前で（私もいる場で）そういうアイロニカルな文句をいうことがあります。

最初はさすがに驚きましたが、自分もその面白おかしな挑発につられて、彼よりももっとシャープな返し文句を考えるようになりました。これが長いこと続くと重苦しくなりますが、少しだけの間なら結構頭の回転の勉強になって楽しかったりします。

しかも、一応はお互いの不満がユーモアを通して察知できるのだから、日本でいう愚痴よりも遥か（はる）に品があると思うのです。

アイロニカルになれるというのは、ある程度客観的な視点を持てる、ということだと思うのです。そして、ある意味では相手が好きだからこそ、このゲームが続けられるのであって、嫌いになると、揶揄はそれこそ下品な愚痴へと変わっていくものです。だから、このコミュニケーションというのは、お互いが愛し合っている確認にもなるのですね。とはいえ、これが毎日続くと面白くもなんともなくなるのですが。

また、自分をバカにできる人は、ある程度心に余裕を持っている人だと思うのです。その象徴的な例がウッディ・アレン（アメリカの映画監督・俳優）ではないでしょうか。彼は自分の精神的なトラブルを自分で笑う。

私は、彼氏と喧嘩をした直後に大笑いすることがよくあるのです。

一つの小さなきっかけのせいで、二人とも熱くなって喧嘩が盛り上がり、ふと、これを〝外側の目〟で見てみると、〝この二人、こんなちっぽけなことのために、こんなにぶつかり合うなんて、可愛いじゃん、笑える〟と思ってしまうのです。

そう、ちょっと客観的になると、さっきまで重大だったことが、実はそんなに大したトラブルではないのだと気がつきます。アイロニーや笑いはカップルの雰囲気をやわらげるのです。日常を重っ苦しくしなくなるのです。

そういうときの二人の笑いは、二人の絆にもなるのですね。

そういう意味で二人の笑いのツボが合う、というのは意外に恋愛の中では重要なポイントなのです。実際にフランスの女性に、

「どうして彼を好きになったの？」

と聞くと、必ずきっかけの一つとして相手の笑いのセンスが挙げられます。

私の日本人の知人で、笑いのツボがまったく違う人と結婚した人がいるのです。「どうして結婚する前にそれに気がつかなかったの？」とお説教したくなります。

感性の合わない人とつきあっていたら会話がなくなってしまうのです。

笑いは一緒に分かち合えるから楽しいのです。

ユーモアはお互いの愛情を計るバロメーターなのです。お忘れなく。

愛の賞味期限はいつか

四年目の離婚？　七年目の浮気？

アメリカ人の学者ヘレン・フィッシャーの統計によると、カップルの関係に危機が起きるのは四年目だというデータが出ています。

しかし、私はこれまでに四年目の危機も七年目の離婚も経験したことがありますが、そのデータを形づくる原因について納得のいく論理的な説明など見たことも聞いたこともありません。

日本でもフランスでも、昔と比べて人とつきあう目的は多少変わってきました。

以前は結婚前提だったのが、今はもっと個人的な理由があり、まして子どもを作るのが第一の目的ではなくなってきました。

フランス語で「愛」という言葉が生まれたのは十二世紀、中世だといわれています。

「愛する」という動詞は十五世紀から使われたそうです。

愛の歌が歌われ始めたのは十二世紀の中世時代ですが、当時は、寿命が短かったため結婚生活自体も二〇年くらいだったといわれています。

そう考えると八〇歳まで生きる現代人が途中で相手に飽きて、他に移りたくなる気持ちは自然なことかもしれません(数年後に寿命がまた延びて一〇〇歳まで余裕で生きていられるかもしれないと思うと、相手の交換、というのはもっと自然なことかも)。

さて、今でもよく「愛し合っているカップルは長続きする」と信じている人が多いのですが、この考え方はいい加減なのですね。

たとえば、毎日のように喧嘩をするカップルは、お互いしぶといキャラクターを持っている分、なかなか別れなかったりするのです。

日本のことわざにこういうのがありますよね。

「憎い憎いはかわいいの裏返し」。

長年一緒にいると、カップルの中で危機が起きるのは自然だと思います。ポイントはその段階でゆっくり考えて決断していくことしかないのではないでしょうか。

相手と別れるのが悪いことだとは思えません。

私は愛する男性と、あえて別れたことがあります。

それは彼と私の間に違いが多すぎたからなのです。つまり、長年溜(た)まってしまった小さなディテールから生まれる違いが、最終的にフラストレーションとなり、愛はあっても自分の中では、相手に対する「愛情」と重くなりすぎたフラストレーションによる「憎しみの気持ち」との決闘状態になってしまったのです。

大きな無理のある関係だとしたら別れたほうが健康的だと思うのです。

愛の賞味期限がいつなのか？

そんなことはどうでもよいのです。大切なのは、山あり谷ありの恋愛が苦しみになってはいけない、ということではないでしょうか。

あるフランスの作詞家の言葉ですが、

「愛は味のあるいい本に似ている。読んでいくにつれて、味が出てきて、意味が見えてくる」

いいフレーズだと思いませんか？

とっても小さなことなのですが、「彼との愛は終わった」と思うことは、まるで「日常生活の中に楽しいことなんか、もう、何もない」というのと似ていると思うのです。すべてをネガティヴに感じてしまう、そういう状態……。

私は最近、紅茶の持つエレガンスに気がついたのです。

紅茶というのは、当たり前なのですが、数えきれないほどの香りとテイストがあって、研究すればするほど、新しい味、自分に合う味がわかって、追求したくなるのですね。

そして、こうした新しい発見から〝小さな幸せ〟がまた一つ増える。

恋愛も、「もう終わりだ」と思ってしまう前に、彼との「小さな幸せ」そして「これから築き上げられるかもしれない明日の新しい幸せ」の可能性について考えてみるのは大事なことだと思います。

相手に惚れている「沈黙」、飽きた「沈黙」の違い

ある日、日本人の女性とつきあっているフランス人の友達からこんな電話をもらったのです。

「僕は彼女が何を考えているのかわからないんだ。大事な話をしているのに無言のまま何も答えないんだ」

彼はそのとき、彼女と「結婚をしたい」という話をしていたのです。ところが、彼女はノーリアクション状態。それではもちろん、彼は困ってしまいますよね。

「結婚を嫌がっているのか、もっと時間を求めているのか、さっぱりわからない」

という彼。

日本には、たとえば五七五の俳句のように、ミニマル（最小限の）な設定の中でシャープな言葉や思想を表現するという美意識があります。しかし、それはあまりフランスにはないのです。

この場合、フランスの女性ならはっきりと自分の意見をいうのですが、日本人の彼女は沈黙という究極のミニマルな表現法を選んでいる。日本では沈黙は、

「ノン」

「いやだ」

「私は賛成しない」

に代わる表現だったりします。ところがそれはフランス人には伝わらないのです。

「ここ最近、彼女は全然話をしてくれない。その理由がさっぱりわからない」

と悩んでしまうのです。

日本では沈黙は怒りの表現だったりもしますよね。ダンナが、電話の一本もかけずに夜遅く帰って、キッチンでワイフが無言のまま座っている光景……。これは実際に口に出して怒るよりも恐いものがあります。

日本の女性にとって、沈黙はこの場合武器として成り立つのですが、私の友人のフランス人男性はそういう沈黙には慣れていないのです。だって、フランスの女性だったらこの場合、

「なんでこんな時間に帰ってくるの？」

から始まって鬼のように真っ赤になって口喧嘩の応酬になるのです。逆に男性は、「また怒られるのか」と疲れる反面、「俺は愛されているんだな」と内心ではにやりとすると思うのです。

まだまだいろいろな恐い沈黙はあります。たとえば、相手を単純に傷つけたい時の沈黙。この無視。嫌ですよね。この沈黙は、ユニバーサルでどこの文化でも通用するのではないかと思います。

離婚経験のある三〇代、四〇代の日本人女性に離婚の大きな原因を聞いてみると、

「性格の不一致」

「価値観の不一致」

「コミュニケーションの不成立」

というのが最も多い答えのベスト3に入っています。さらに、最後に挙げたコミュニケーション不成立の具体的な理由を挙げると、

「本音で語り合えない」

「話を聞こうとしない」

「自分の意見をいわない」

というのが最も多い答えです（オーエムエムジー恋愛意識調査。Statistical Data on the Women's Lifestyle 2001／情報センターブックス調べ）。

カップルの間に存在する沈黙は本当に問題なのですね。

しかし、世の中は恐い沈黙ばかりではありません。素敵な無言のコミュニケーションはたくさんあります。

その前に、みなさんはどうして私が日本に惚れていると思いますか？

それは、ここ日本がとても謎の多い国だからなのです。

同じように、男性と女性の誘惑・魅惑のゲーム、また愛の物語（人との間のラヴ・ストーリー）でも、謎めいた部分があるからこそ相手に惹かれるものです。

もちろん、すべてが謎では不信感が生まれてしまいますが、逆にいってしまえば、長いつきあいの中でも、相手の新しい面を発見する、もしくは相手に自分が今まで見せなかった顔を見せるのはとっても新鮮。

日本では、いたるところでたくさんの「顔」を発見できます。

路上で籠の中の野菜を売る、いわゆるオールドスタイルの八百屋さん、ヤクザのようにかっこいい酒屋さん、自動的に「いらっしゃいませ」というコンビニのアルバイター、どこでもインターネットやキャッシングができるマシーンなどなど。

古きよき日本と現代のハイテクが共存する。建築的にも古い日本家屋と、グレーの悲しい色と個性のない建築のアパートが、隣同士でにらみ合いっこしている。

このパラドックスは、ある意味では一貫性がなくて醜いのだけれど、ある意味では人間的で温かい。その多面性に惚れてしまうのですね。

愛情表現も、同じく日本は特殊です。

外国の視点から見た場合、「言葉を使って愛を表現しない」というのが不思議。でも、日本に来て、その「愛の沈黙」を体験すると、それが理解できるのです。魅力も感じるのです。

もちろん、恋愛には「言葉」はいらないというのは、一般化するべきではないという前提はあります。

しかし同時に、恋愛では「沈黙」も気持ちを伝える大事な要素だと思います。

沈黙というものには、男性は案外敏感なのではないかと思うのです。

家に遅く帰ってきたときにワイフが玄関先でがみがみと怒り出したら、男性は申し訳ないと思うどころか、逆にその彼女の態度にむかついて、もっと大きな声でどなったりするものです。ところが、これは前述しましたが、キッチンのイスにぽつんと妻が無言のまま座っていたら、そのときは「悪いことをしたかもしれない」と思ったりするのですね。これはとても日本的だと思うのですが。

北野武監督の『HANA-BI』という映画を何度もパリで観ました。ストーリーよりも、率直にいって役者・ビートたけしの持つセックス・アピールに惹かれてしまい、必ず泣いてしまうのです。

この映画の中では、ビートたけしが演じる主人公は、自分の女房とほとんど話をしない。なのに、彼らはコミュニケーションをしている。二人で笑うシーンがチャーミングでたまらない。

この映画を観終わると、この暗黙のコミュニケーションにうっとりしてしまうのです。そして、主人公の妻に対する愛情にメロメロになってしまうのです。

日本の男性は（いや、フランスの恋愛関係でも）つきあいが長ければ長いほど、時間が経てば経つほど、「女房」に対する口数が少なくなると感じます。

仕事の疲れ、家族としての落ち着きからそんな状態になるのですが、これは大変イカンことだと思うのです。マンネリ化ほど危険なものはない。

マンネリからくる無言のコミュニケーションは、コミュニケーションではないのです。

これを絵画にたとえると、静物画（これをフランス語では「ナチュール・モルト（Nature morte)」といいます。「死んだ自然のイラストレーション」という意味）。そう、つまり息を吸っていない関係なのです。この静物画のような沈黙は『HANA-BI』の中の沈黙とはまったく意味合いの異なった静けさのランゲエッジ（言葉）。

この二つの沈黙の大きな違いは、相手に惚れているかどうかということなのです。刺激のない関係は死んだ関係。これでは恋や愛を語る前に、生きている意味がまったくありませんよね。

映画の中で、恋愛を「言葉」で語らない北野武監督とは正反対に、フランスにはファブリス・ルキーニという芝居や映画で活躍している個性派俳優がいます。

彼は、たとえばウッディ・アレンに近い神経質っぽいキャラクターを演じ、年がら年じゅう恋愛論を語るインテリ役（インテリすぎてそれが逆に滑稽に見えたりして本当にコミックなんですが）が多いのです。

私は北野氏の沈黙も、ルキーニの愛の哲学の嵐も両方大好きです。

恋愛のゲームの中で沈黙はタブーかどうか。

当然、タブーではないのです。使い方さえちゃんと知っていれば。

私が作っている『ミニミックス（minimix）』という日仏雑誌の中でも取り上げているのですが、沈黙は文化の微妙な違いを示す面白いテーマでもあります。

日本人の女性を取材したとき、

「あなたにとって幸せなカップルとは？」

と訊ねたら、

「〝縁〟を感じられる相手がいると幸せを感じます。いつも連絡を取り合わなくても繋がっている感覚があること。どんな問題が起きてもなぜか大騒ぎにならない感覚、あ・うんの呼吸というのでしょうか」

という返事が返ってきました。確かに、いちいち言葉にしなくてもお互い繋がっているこの感覚はカップルの中では大切ですね。

また、目と目を合わせただけで理解し合える関係。これもとても大事です。

一方で、フランスの女性は彼からの「愛してる」の一言を聞き飽きないのです。でもそれはそれで素敵だと思いますよ。

「マンネリ化」を防ぐ「新しい顔」づくり

浮気の理由の一つは、マンネリ化。

原因がわかっているのなら、このマンネリ化を防ぐ方法を考えてみることから始めましょう。

まず、新鮮さを保つことが大切なのです。自分の中に秘めているいろいろな女を表現して、相手をちょっと驚かす、というのは一つのアイディアです。

そのために大事なのは、相手との「コミュニケーション」と自分の「知性」だと思います。

カップルの間にコミュニケーションがあるからこそ、愛情というのがあるのですね。たまには二人だけになって、夢の話や理想の話を子どもみたいに話し合うのは結構貴重だと思うのです。

私の友人に、一歳になる子どもを持っている夫婦がいるのですが、彼らは今でもラブラ

ブ状態。しかし、現実には赤ちゃんのことで頭がいっぱいで、二人の時間を持つ余裕がないのです。そんなある日、

「君のシースルーのフリフリの下着姿はセクシーだろうな」

という彼のちょっとした言葉を思い出し、それまではコットン系の健康的な下着しか身につけなかった彼女が、ランジェリーの専門店へ思い切りセクシーな下着を買いに行ったのです。私もその「お買い物」につきあって、フィッティングを楽しみました。

「キャー、素敵。五〇年代のピンナップみたい！」

と二人で楽しくショッピングをしたのでした。

こういうのっていいと思いませんか？　ちょっとした気分転換に、ユーモアも込めて買ってみる。着るほうも新しい気分が楽しめて、それを見るダンナもうれしいのだから。

ここで大事なのは無理をしてはいけない、ということ。

彼が望むからしかたなく、あるいは頼まれたから……という理由ではダメなのです。自分がエンジョイできるから。こうでなくては。これは、カップルの関係を刺激するためにセクシーな服を着ましょうというアドバイスではありません。この場合、ランジェリーを着る着ないがポイントなのではなく、二人の新たなドキドキ感覚が大切なのです。

こんなふうに相手に自分の「新しい顔」を表現していくということは、つまり、お互い新しい可能性がまだまだいっぱいある、という意味にも繋がります。二人の関係にはエンディングなんてないという意識を高めるのではないでしょうか。

もう一つ大切なのは、知性だと思うのです。

これは一人の時間をどう過ごしているかではっきりと現われてきます。

特別な日ではないのにゴージャスな夕食を用意してみたり、デートするのも大事です。でも、日々、本を読んだり画廊で個展を観たりして、自分自身に新しい刺激を取り入れるのはとっても大切だと思うのです。

周りにあふれかえる情報ばかりに汚染され、それに翻弄(ほんろう)されてしまったら、日々の生活が決まりごとのルーティーンばかりになってしまったら、本当に自分にとって大事なものが見えなくなってしまいます。何かを真剣に考える時間も流されてしまう。

何かを学んで、新しい発見をすると自分の知性も高まっていくものです。

自分のためだけではなく、周りの人とコミュニケーションをして意見を交換し、それを二人の間に持ち帰ってきて、もう一度分かち合うって楽しいと思いませんか？

カップルで、自分の「新しい発見」を語り合うのはとても大切だと思います。それを忘れてしまっている人は多いのではないでしょうか。

私は、夏にベニスのコンテンポラリーアートのビエンナーレ（国際現代アート展）に行って、自分が一番感動した作品の話をボーイフレンドにしたことがあります。そこから話が盛り上がり、最終的に彼の中のアートの意味と自分の中のアートの意味が違うのだと発見したことがあります。

意見は違っていてもいいのです。相手の視点がとても興味深く、もっと話が盛り上がる。このような前向きなコミュニケーションって大好きです。

また、二人だけの「新しい発見」を見つけるのも楽しいものです。

たとえばプチ・ヴァカンス！　を計画してみてはどうでしょう。

二日間のウイークエンドだけでもいいのです。二人がそれぞれに向き合っている「日常」や「仕事」、「つきあい」から脱出して、二人だけで過ごすのです。

日常の「やらなくちゃいけないこと」をちょっと忘れて、自分たちだけの時間を作ってみる。「義務」と「宿題の山」から離れることによって、新しい考え方を発見できる場所や時間を作ってみるのは大事なことです。

＝憧れの悪女の魅力を参考にする

悪女に憧れたことってありませんか？

たとえば、恋人に尽くして尽くしてその挙げ句にポイッと振られてしまった後など、なれっこないのに「今度は絶対に悪女になってやるぅ！」と自分を偽ろうとしたことは……。

私は女優のジャンヌ・モローが大好きです。彼女は数多くの映画でファム・ファタールを演じています。男を滅ぼす美女、滅ぼさなくても男を夢中にする美女、これをファム・ファタールといいます。

ヌーヴェル・ヴァーグの時代の映画『エヴァの匂い』（一九六二年ジョゼフ・ロージー監督）という作品の中で、ジャンヌ・モローが典型的なファム・ファタールを演じています。

高級売春婦がどうしようもない俳優をボロボロにしていく物語です。

この映画で彼女は携帯のレコードプレーヤーを持ち運び、洋服を脱ぎながらビリー・ホリディのジャズのレコードをかけるのですが、その姿がセクシーでたまらない。自分に夢中になってしまった男性とデートをしてホテルに一緒に行った後も、彼をその部屋に入れてやらないというシーンがそそられるのです。

同じくヌーヴェル・ヴァーグの時代にフランソワ・トリュフォー監督が撮った『突然炎のごとく』という映画では、彼女は二人の男性を手玉にとって思うがままに生きる。

三島由紀夫が映画化した『黒蜥蜴』の美しいヒロインを演じた美輪明宏もファム・ファタールのイメージがありますね。妖しい女盗賊と、名探偵・明智小五郎との宿命的な恋を描いたこの映画の美輪さんは最高にセクシーです。

ある日、ファッション雑誌のために、パリの靴のクリエイターの徹底取材をすることになったのですが、そこで面白い発見をしました。

彼らに靴作りのインスピレーションの源となる理想の女性像を聞くと、映画『昼顔』のカトリーヌ・ドゥヌーヴ演じる主人公・セヴェリーヌと答える人が圧倒的に多かったのです。

二十一世紀が始まった今、男性にとって魅力を感じる女性が六〇年代の映画『昼顔』のヒロインだというのはとても興味深いことです。

ブニュエル監督のこの映画のストーリーは、不治（ふじ）の病を持つ夫への愛を貫（つらぬ）こうと、彼女なりの性的な均衡をはかるために、売春宿で身体を売ってしまうブルジョワーズ（お金持ち）のお話。「昼」に得る性的快楽によって満たされた彼女は、「夜」は貞淑（ていしゅく）な妻として夫に尽くす。

つまり、昼は「ビッチ（悪魔）」、夜は「天使」のような女性。

もちろん、この二つの対照的な顔を持った女性こそが彼らの「理想の恋人」ではないのだと思います。ここまで極端に二面性を持った女性とつきあいたいと思う男性は、おそらくいないでしょう。セクシーな女性像としての彼らの理想にすぎません。

しかし、この本でも繰り返し書いているように、カップルの関係にスパイスをときたまふりかけてくれる女性をフランスの男性は好むのです。

そして、彼らは、かつてのポンパドゥール夫人のように、セクシーなボディーにセクシーな知性を持った女性を愛する。

セクシーなボディーといっても、マリリン・モンローのようなグラマラスな美女でなければいけない、という意味ではありません。自分のボディーをフランス語でいう「アクセプテ（accepter／ありのままに受け入れ、認める）」して、コンプレックスを持たない、という意味合いなのです。

マリリン・モンローもこういっていました。

「女性の魅力を語るうえで、たとえば綺麗な脚（あし）を持っているというのがポイントではありません。その脚をどう演出するかがミソなのです」

私も昔は、ファム・ファタールごっこをしたことがしばしばあります。男性を遊びで誘惑し、相手がこっちに夢中になると捨てる、といういけない遊びをたくさんしました。

しかし、自分も相手も傷つけるだけの危険なゲームなので、お勧めしません。

「さよなら」を相手からいわせるために

この章の中では、お互いに愛があるという過程の中で、どのようにすればカップルとしてよい関係をキープできるか、という課題について話してきました。

しかし、これまでに書いてきたアイディアを取り入れても、「やっぱり、この人は違う、一緒にいても幸せになれない」という結果になることは当然ありますよね。

さて、本題です。別れたいときにはどうすればいいのか？

お互い尊敬し合い、ちゃんとコミュニケーションのとれる関係である場合は、話をして自分の別れの意志を伝えるのが一番健全だと思います。

しかし、別れを告白するのはとっても難しいことですよね。

私は、あるボーイフレンドと別れたいと思ったときに、自分が悪い人になりたくなかったため、また単純にずるいから、自分から素直に「別れたい」という気持ちを伝えるよりも、相手のほうから「その気」にさせる方法を考えたのです。

とはいえ、これは私のオリジナルの方法ではなく、以前、あるボーイフレンドが私と別れたいと思ったときに使った技です（これは男女を問わず使えます）。

とってもずるくて汚いですけど、相手に「君とは別れる！」といわせるためのアドバイスをさしあげましょう。

＊沈黙する

これは最高の手段です。とにかく話をしない。

「どうしたの？　最近変だよ」

といわれても返事をしない。相手が話しかけてきても、それに興味を示さないで沈黙する。

繰り返し無視されるほどつらいことはありません。この手段はとても残酷です。私の昔のボーイフレンドは家に帰ってきても一切口をきいてくれませんでした。

＊メイキン・ラヴをしない

女性の言い訳って有名ですよね。

「頭が痛い」、「歯が痛い」、「今、生理なの」、「疲れてる」。

そんな嘘を毎回繰り返していけば、相手も嫌になってくるでしょう。

嫌になってくるどころか、この拒否反応は、彼にとってストレスへと変わっていきます。

＊連絡なしに出かける

そう、夜遅くなって帰っても、それを事前に伝えておかない。

出かけるプランがあっても、それを伝えておかない。とにかくマイペースにふるまう。

＊身の回りのケアをしない

夕飯を作らない、洗濯をしない、などなど。

とにかく、日常の「宿題」を徹底的にすっぽかす。「あなたなんかどうでもいいのよ」、という意地悪な女になりきってみる。愛情を一切見せない。

＊わがままばかりをいう

相手を疲れさせるほどにわがままになる。嫌われますよ。

*沈黙が守れないのなら文句ばかりをいう

ただでさえ男性は、女性の〝おしゃべり〟にはうんざりしているのです。これで彼を思いっきりいじめちゃおう。

なんて意地悪な態度なのでしょうか。

こんなアドバイスをしている自分が嫌になるくらいです。

ここまで冷たくふるまえるのは、相手に対する尊敬の気持ちもほとんどなくなった状態ではないかと思います。醜い技ですね。最初に書いたように、普段からオープンに話し合える環境を築き上げたほうが、別れ話もスムーズにいくチャンスは多いと思います。

4

完璧ではない男と女のための「手づくり恋愛生活」

L'amour parfait ?

5つの「誤解」は5つの「ハッピー」に変えられる

「いったいどうして彼は私の質問にちゃんと答えてくれないの？」

そう思うことは多いですよね。

前にも書きましたが、男性と女性は違う生き物なのです。さらに大げさに、男性と女性は違った星の生き物だ、といいきる人がいるくらいです。でも、それは結構ホントだったりします。

しかし、たとえば、結婚やカップル、恋愛を定義づけるのはバカバカしい、と思っている男性の気持ちは女の私にもよくわかるのです。

愛には見本も基本もない、愛は愛なんだ、というシンプルな考え方は好きです。

けれども、彼らについては理解できないことは山のようにあります。

カップル生活のクオリティを高めるために、男性について女性についてお互いの根本的な違いを知っていれば、パニックにならないですむことも多いのです。

たとえば、男二人、女一人の友人三人が会話をしているシチュエーションで女性が一人でナーバスになっているとします。それを彼女の友達の男性が見ていたら「どうしたんだろう?」と目を合わせて、「わからん」の一言で終わってしまうでしょう。

ところが、それを見ているのが二人の女性友達なら「どうしたんだろう」から始まって、会話は永遠に続く。

男性の「わからん」の一言って、とてもよくわかるのです。

女性の求めるものと男性が求めるものは違うのだから、自分が求めていることをシステマティックに相手にぶつけてもあまり意味がないのです。自分は悪気はまったくないのに、相手のプライドを傷つけることもあるのです。

お互いの違いを把握(はあく)して、うまく恋愛の波に乗ってみませんか?

ここで、私もあなたも実はよーく知っている、日常的な男と女の誤解をいくつか挙げましょう。

◎誤解：その１「彼によかれと思ってアドバイスしたのに、怒られてしまった」

こうしたケースはよくありませんか？

女性にとって相手とのコミュニケーションは最重要事項なのですね。

会話を中心としたリレーションシップを愛(いと)おしむ私たち。

それに比べ、男性は自分の得たものや結果に集中する。ものや目的を重視する男性とは違って逆に、女性は人や感情に重きをおく。

こんなエピソードがあります。

私のフランス人のボーイフレンドが、音楽スタジオでレコーディングをしていたときのことです。彼は沖縄の民謡をアレンジして演奏していたのですが、こぶしがどうも日本的ではないのです。それを優しい気持ちで指摘したら彼は冷たくなってしまったのです。

女性はいつでもアドバイスされるとうれしいし、愛されている気分になるのですが、男性は逆に全然うれしくない。バカにされている気分にもなったりします。信用されていない気分になってしまうのです。侮辱(ぶじょく)されている気分になるのです。

この違いを知っておきましょう。

◎誤解：その2「彼に新しい洋服をプレゼントしたのに、全然喜んでくれなかった」

そうなのです。私たちは彼をもっと素敵な人にしよう！　と思って、ヘアスタイルを変えさせたりします。

私などは、セルジュ・ゲンズブール風の〝三日ヒゲ〟にトライさせたりするのですが、彼は私を喜ばすために我慢してくれているだけで、内心全然喜んでいないのです。

でも、男性の気持ちになってみてください。

彼は今の自分を受け入れて、愛してほしいのであって、バービー人形のケン君のような着せ替え人形になりたくないのです。

女性の「彼をもっと魅力的にしたい」という気持ちを受け入れず、「つまり、君は今の僕を認めていないんだね」と思うのです、男性は。

あなたの気持ちはよくわかります。でも、〝彼氏大変身作戦〟は、人によってはほどほどにしておきましょう。

◎誤解：その3「元気のない彼を励ましたら、もっと落ち込んじゃった」

女性からしてみると、これもおかしいですよね。元気のないときこそ、愛情を感じたいものですよね。話し合いたいですよね。ところがどっこい、男性は違うのです。

元気のないとき、なにかしらの問題やクライシスが起こると、男性は孤独の中に閉じこもり、一人でそれを処理するのです。

「自分一人で処理できないで、なにが男か」と思っているのに、あなたから「元気出しなさいよ！」といわれると、やっぱり自分がバカにされている気分になるのです。男心とは、もしかしたら私たち女よりもとってもナイーヴなのかもしれません。

私はそういうときに彼にかける言葉をいくつか用意しています。

たとえば、

「今日は腕をふるって美味しいものを作ったからどんどん食べてね」

私がこれを言葉に出したときには「今私はあなたのことをとっても心配しているの。頑張って。元気出してね」というメッセージをさりげなく伝えているのです。

でも心配はいりません。問題を一人で処理したら、彼はまたこっちのほうに戻ってきます。

このコクーン（自分の殻に閉じこもっている）状態から脱するまでじっくり待ってあげましょう。

◎誤解：その4「どうしてこんなに意思が通じないのかしら」

パリと東京を往復している私は、言葉や文化の異なる日本とフランスのコミュニケーションについて毎日のように考えているのですが、同じ国籍の人でも言葉の誤解＝ミスアンダースタンディングは少なくありません。

そして、面白いことに、男性と女性が同じ言葉を話しているのに、実は意味の伝わり方が違っていたりするケースです。これも日本人、フランス人のみならず、ユニバーサルな男女の誤解の一つだと思うのです。

「忙しい忙しいって会う時間なんてないじゃない。あなたはもう私を愛していないのね」

と怒る女性。彼女が期待する返事は、

「よしわかった、今夜ゆっくりデートでもしよう」

というような男性の前向きな言葉です。ところが彼は、

「愛しているよ、こうして君のそばにいるじゃないか」

と答えるのです。


「もう、この仕事、嫌！」

という彼女は、

「何がうまくいかないの？　こうすればいいんじゃないの、もっと客観的になればいいんじゃないの、僕はそばにいるよ」

といった優しい言葉を求めているのに、男性は、

「だったらそんな仕事、やめちゃえばいいじゃん」

ときっぱりいう。


女性は長い目で物事を見るのでしょうか。カップルの調和を大事にしているのですね。

しかし、男性のほうは短気というか、今、この瞬間しか見えなかったりすると思うのです。いちいち彼の〝ズレた〟返事に腹を立てないで、それを〝愛されていない〟と受けとめないでくださいね。

◎誤解：その5「高価な物よりもロマンティックな贈り物のほうがうれしいのに」

母親は子どもから「お返し」を期待して愛を贈るのではありませんよね。

人に物をプレゼントしたり、愛を贈るのは、贈られるよりもうれしい感覚だったりします。贈ること、それは自分の活気、自分の理解、自分の知識を与えること、つまり、相手をより大きくすること。そして、贈ることにより自分も大きくなるのですね。

しかし、プレゼントの価値観についても男女では誤解があるのです。

「彼はお誕生日とクリスマスにとてつもないゴージャスなプレゼントをしてくれるんだけど、私としては普通の日にバラの一本だけでもたまに贈ってくれたらうれしいのに」

と思うのは私一人だけではないはずです。

ある日、こんなことがありました。パリで読んでいる新聞『リベラション』の個人のメッセージコーナーを適当に見ていたら、とっても美しい詩が掲載されていたのです。

「Eko……」

実はこの詩は、各フレーズの最初の言葉がすべて私の名前から始まった、私宛のメッセージだったのです。これ、たったの数千円のお金でできることだったのでしょうが、発見した瞬間に心が燃え上がるほどドキドキしたのを覚えています。

そう、金銭的な価値があってもなくても、私たちはその「気持ち」を喜んでいるのに、男性ったらジュエリーとか車とか、大掛かりなものを贈ると喜ぶと思っているのですね。

とはいえ、日本の若い女性もロマンスに欠けているのか、ブランドものでなくては喜ばないらしいのですが。でもそれは、まだ本当の「贈り物」を体験していないからだと思うのです。本当の「気持ち」のつまったプレゼントを。

男性はシンプルなプレゼントには価値がないと思いがちなのです。

女性はロマンティックな愛に憧れるけれども、男性はかっこいい車やハイテクに興味を持っているのです。

その価値観の違いを知っておきましょう。

浮気についての「言い訳」

私はエッチな男性が大好きです。

ハンサムかどうかは、どうでもいいのです。知的でチャーミングでエッチな男性が好きなのです。

エッチと比べてスケベ、いやらしい、セクシーとは違うものですよ。スケベもいやらしいも醜いと思うのです。セクシーは、一瞬楽しいけれども表面的で、すぐ飽きてしまうのです。精神的にセクシーな男性は大好きですが。

私は、自分のボーイフレンドが他の女性にもてるのを見るとうれしいのです。よくパーティーの帰りに、

「あのコ、あなたにメロメロだったわね」

といって、彼と笑うことがあります。

フランスではパーティーなどで、自分の恋人もしくはダンナと違うパートナーと一緒に

踊ること、また会話が盛り上がることはよくあります。ディナーなどでは、わざとカップルを離れた席に座らせることが多いのです。つまり、社交の場で異性とコミュニケーションをとるのはよくあることなのです。

しかし、やはり嫉妬の一番の原因は浮気ですよね。

個人的には、自分の彼が女性にもてること自体は、とても好きです。しかし、浮気は許せません。

はっきりいってしまえば、浮気するなら、私の知らない範囲でお願いしたい。私にばれたら、それはもちろん別れを考えます。

日本には「浮気は男の甲斐性（かいしょう）」という言葉がありますが、これは昔の男尊女卑のマッチョ的な考え方で、許すことのできない発想だと思います。

多くの女性は「私の彼は絶対浮気をするタイプじゃない」と信じ切っているのですよね。

でも、浮気している男性はわりといるのです。しかも統計によると、フランス人よりも日本人男性のほうが多いことがわかります。

過去一年間に、イレギュラーな相手とセックス体験のあった人の比率は、

フランスの場合、男も女も八%
日本の場合、男二三%　女八%

という数字が出ています（Atlas de la sexualit　dans le monde/Autrement 出版）。

「二人の人がセックスをするときに、少なくとも四人がそれにかかわっている。それはセックスをしている二人と、その二人がそのとき頭に浮かべている二人の人物だ」

とフロイトはいっていました。

いったい、われわれ人間はなぜ浮気をするのでしょうか？

また、女性と男性では浮気の理由が異なるのではないでしょうか？

海外に行くと、かわいい女の人と一晩だけの浮気をする男性は、パリの私の知人にもいます。その浮気は、妻とはまったく関係のない次元にあるのです。彼は自分のワイフを愛しているのに、平気で彼女の知らないところで浮気をするのです。

最初は「男って最低ね」と怒っていたのですが、今は「男はそんなものさ」とあきれています。だからといって、賛同しているのではないのですよ。

「どうして浮気なんかするの？」

「彼女には内緒にしてほしいんだけれど」

と苦笑しながら、浮気を告白した知人にこう質問してみたことがあります。その答えを聞いて、ますますあきれてしまいましたが……。

「もちろん愛しているのはワイフだけなんだ。でも、外でかわいい子に出会うと、その場の勢いというか……つい……ね」

曖昧な理由で浮気をした知人の弁護をするつもりはありません。でも男性の浮気の原因は、その子に惚れたからセックスをするケースや、相手が魅力的だからではなく、女だから（下品で申し訳ない表現ですが）〝一発やりたい〟という単純な発想に過ぎないのではないでしょうか。

だから男性には、自分の浮気に対してあまり罪の意識がないのだと思うのです。

そのくせ、自分の彼女が浮気をするのは許さない。

日本でもフランスでも私の周りにいる人々を見ていても、よくわかることなのですが、男性は自分の妻を捨ててまで、離婚してまで愛人にすべてを捧げる例は少ないのです。

愛人は「彼は妻をもう愛していないといっている。そのうち、私と一緒になってくれる」とずっと信じて、いつまで経っても離婚をしない彼を待つ。でも、彼は最後には、愛人よりも妻の元へ戻るのです。

一方、女性が浮気をする場合、彼女の心の底にあるものは、下半身の満足感だけだとは限りません。

セックスよりも、彼女に興味を持ってくれる優しい人、彼女の話を聞いてくれる人、愛してくれる人に惹かれているのです。そう、女性の場合、セックスよりも感情が大切だったりするのではないでしょうか。

こんなことになったらどうすればいいのでしょう？

愛人と彼氏とどっちを選ぼうか？　と悩む以前に、いったいどうしてこんなことになってしまったのかを考えたほうがいいのではないでしょうか。

相手が浮気をしたらどうするべきなのか。これに対して、私にはつべこべいう権利はありませんが、浮気によって、家で待つ女性がまったく無視されるほどの最悪の段階になった場合は別れを考えたほうがいいと思います。

だって犠牲になるだけの人生なんて時間の損だもの。

フランス人男性から見た日本人女性の魅力

日本とフランスの両方の国籍を持ち、パリと東京をしょっちゅう往復している私は、よく知り合いからこんな質問をされます。

「彼氏にするなら、日本の男性とフランス人とどっちがいいと思う？」

私自身、そんなことを考えたこともなければ、はっきりいって考えたくもないのです。愛情は「考えて」湧くものではないのだもの。

「そんなのどうでもいい。相手の国籍に惚れるんじゃなくて、相手の個性に惹かれるんだから」

と答えます。

私の周りには日本人の女性とつきあっているフランス人男性が多くいます。一〇組のカップルに次のアンケートに答えてもらいました。

◎フランス人男性への質問：Q1「日本人女性のどこが魅力的？」

A「美しい」

この美しさというのは、別の言葉でいえば見慣れていないエキゾチズムに対する憧れも含まれていると思います。

A「セックスのタブーがない」

大昔から伝わるキリスト教の、「過激なセックスはタブー」という教えが潜在意識の記憶として残っているのでしょう。

日本ではフランスのように幼い頃から押し込まれるこのタブーの意識はありません。そういう意味で日本の女の子のほうが変な先入観を持っていないのかもしれませんね。もしくは、日本の女性のほうが新しいものに対して好奇心がある、というふうにも受けとめられます。

A「裸に対するコンプレックスがない」

日本には「裸のつきあい」という言葉がありますよね。

今でも日本の伝統的なお祭りにふんどし姿の〝裸祭り〟があったり、田舎の温泉に行くと混浴も存在しています。また、日本のテレビの情報番組では司会者の女の人が温泉に入ってレポートをするのをよく見ます。さすがに初めて見たときには目が点になりました。そんなこと、フランスではあり得ないのです。それだけに〝裸〟はフランスではセクシーな要素はあっても、日本のように自然との調和という意味の〝ナチュラルな裸〟という発想は独特なものだと思います。

A「子どもみたいにナイーヴな発言を時々するのが可愛い」

A「フランスの女性はセックスする前にこっちを疑ったりするけれども、日本人の女の子は、すぐにセックスできる」

ナイーヴな発言にしても、相手に対する疑いに関しても、これは社会と文化の違いからきていると思います。

六〇年代、七〇年代のウーマン・リヴの時代からフランス人は恋愛に限らず、より高い理想を目指す人が多くなりました。「自分は特別な人間なのだ。だから私の恋愛の相手も特別でなければ嫌だ」という考え方が高まったのです。

フランス人は「私は〇〇を知らない」と素直に認めるよりも、反論するという姿勢をとります。

そういう意味でフランス人はかなり高いレベルを求めています。逆に日本人は素直というか、リラックスしていると思うのです。だってそうでしょう。「私は凡人だから」と平気でいう日本人。そんな発言をするフランス人には会ったこともありません。自分を凡人だと認めるなんて、きゃあ、醜い、と思うのがフランス人。

何でも知っていなきゃバカ、と思うフランス人のプライド意識から比べたら、日本人は時にはシンプルに見えたりします。でも、その分、コンプレックスがないともいえますね。

◎フランス人男性への質問：Q2「日本人女性の気に入らないところはどこ？」

A「大事な話をしているのに、沈黙して何もいわないことがある」

A「何を考えているのかはっきりわからないことがある」

この二つの点については、「沈黙」のテーマの中で取り上げていますが、日本では沈黙にはいろんな意味合いが含まれています。

ときには、「同感ではない」という言葉の代わりに沈黙を選ぶ日本人。しかし、フランスでは沈黙はつまり意見がない、というふうに受けとめられます。そういう意味で日仏カップルの間では、この沈黙がきっかけでコミュニケーションのミスアンダースタンディングが多々生まれるのです。

A「自分の国の歴史をよく知らない」

と答えた人は一人しかいませんでしたが、面白いので残しておきました。

フランスは保守的な国で、古い文化を大事にします。古いものの価値を忘れません。日本は第二次世界大戦後の大きな破壊、そして日常の地震や台風によって今あるものが壊され、それを新たに作り直すという習慣があります。前へ、前へ、という発想と、新しいもの大好きという好奇心が強い分、過去に興味を持たない若者が多いと思います。それだけ、歴史と現在について討論するきっかけがない、ということなのでしょうか。フランスでは自分の国の歴史を知らない人は知的レベルが低いと判断されます。

A「他の女性と仲良くしているとすぐ嫉妬する」

もちろん、こういうときに嫉妬をするフランス人女性もいますが、フランスのほうが日本よりも、カップルで出かけて他の異性と交流する習慣があるのです。恋人が違う女性と楽しく会話をしても、自分が彼氏ではない男性と踊ってもいいのです。その場を楽しんでいるのです。そういう習慣を体験しない日本人女性は誤解をしやすいのかもしれません。

◎日本人女性への質問：Q1「フランス人男性のどこが魅力的？」

A「やさしい」

A「ロマンティック」

A「よく『愛してる』といってくれる」

A「問題が起きると一緒に考えてくれる」

これらすべてに共通する点なのですが、フランス人のほうが愛情表現をよくするのです。

たとえば、その昔から「フランスでは、五分間、愛する彼女と二人きりなのにキスしないのは、彼女に対して失礼に当たる」という話が残っているくらいです。つまり、魅力を感じたらそれを伝えずにはいられないのがフランス人なのですね。愛情をあまり表現しない日本人男性と、その逆のフランス人男性とどちらが優しく感じられるでしょう？

フランスの男性は女性の手助けをするのが大好きなのです。ちょっと尽くすのも嫌いではありません。そこに魅力さえ感じます。そこも日本とフランスの違いの一つではないでしょうか。

◎日本人女性への質問：Q2「フランス人男性の気に入らないところはどこ？」

A「すぐ嫉妬する」

A「おしゃべりすぎる」

A「馴(な)れ馴れしすぎ」

フランスではカップルでイチャイチャしたり、愛情を表現するのは当たり前。逆にそれをヘヴィーだと感じる日本人は多いですね。日本のほうがカップルで過ごす以外の時間が多いと思うのです。それに慣れている日本人にとってフランスの男性は重いと感じるのは無理もないでしょう。

嫉妬は愛の「証拠」にならない

愛が強くなればなるほど独占欲も高まり、嫉妬するのも無理はありません。嫉妬されることは愛されている証拠。素敵ですよね。

なんていうのは嘘。私、そんなことには賛成できないのです。

私は昔、別れたボーイフレンドにストーカーのように追い駆けられて、首をしめられた経験があります。そのときの気持ちは、彼がどうしてそんな行動を起こすのだろうかという疑問と、また繰り返すのではなかろうかという恐怖でした。しかし、だからといって彼を憎むという気持ちはなぜか湧きませんでした。

私たちのイメージの中では、束縛する側、相手を所有したがる側、嫉妬する側は、強い鬼のような人格で、束縛される側、嫉妬される側は優しい小羊という印象があったりします。しかし、本当はそうではないと思うのです。

束縛する人は強いのではなく、逆に自信がない、弱い立場だったりするのです。

そもそも嫉妬というのは恋をしているときよりも、恋から愛へ変わった後に起きる現象だと思います。

私は大島渚監督の『愛のコリーダ』という映画が大好きで、何度観ても飽きることはありません（コリーダはフランス語で「闘牛」）。

物語のエンディングは、愛し合う二人が駆け落ちをして、彼女が愛する男性の性器を切り取って、懐に入れて歩く。実在の女性・阿部定の物語です。

恋をしているときには、男と女は相手と一体化したいものですよね。そして相手を完全に所有したいと思う。

それは自然な気持ちなのです。だから、私は今さらそれを否定も却下もしたいとは思いません。この状態は、苦しいと同時に面白いチャレンジだもの。

しかし、恋から愛へ移っていった場合は話が違ってきます。

『愛のコリーダ』を初めて観たとき、今よりももっと子どもだった私は「究極の恋に落ちると、そのパッションで相手を食べたくなるんだな。殺したくなるんだな。最高の愛の証拠なのね。ああ、私も殺されるほど愛されたい」とちょっと勘違いしていました。

阿部定がそこまでしなくてはならなかったのは、相手に対する所有欲があったからなのですね。それはつまり、彼女はそこまでしないと安心ができなかった、つまり女としての自信がない、ということに結びつくのではないでしょうか。

恋をしていると、どんなにささいなことでも相手の特徴に惚れます。そして、相手も同じように感じるものです。私は彼の手、彼は私のおしりの形、なんでもいいのですが、相手のなにかしらを美しいと思うのですよね。そしてその感覚で幸福さえも感じられる。相手が自分と違う趣味を持っていたら、それに興味を持ち、分かち合いたくなるものです。そして、このとき、女性は相手の理想の女性にもなりたくなるものです。

しかし、恋から愛の段階に変わると、お互いの違いがはっきりと見えてきます。そして相手をコントロールしたい気持ちが無意識に湧いてくることが多いのです。

相手を束縛したい気持ちは、とても理解できることであり、ほどほどの束縛というのは気持ちがよかったりするものです。

私のフランス人の友人に、自分のワイフが一人で出かけるのを嫌う男性がいます。彼が出かけたいときには一緒に出かけるのですが、彼が出かけたくない場合は、彼女が行きたくても行かせたくないのです。

今夜はパーティーがあると仮定しましょう。

彼は、そのパーティーには素敵な人がたくさんやってくるのを知っていて、それが面白くないのです。ここで、彼のジェラシーを尊重してあげて、本当は楽しみにしていたパーティーに結局行かない。こういうシチュエーションがたまにあると彼氏のエゴも喜ぶもの。そして彼を喜ばせた自分も結構そこで納得するものです。この範囲では嫉妬はチャーミングだったりします。

しかし、いつもこのシナリオでは、彼女にとってはストレスが溜まる一方ですよね。そして、物事が前向きに発展しません。

そもそも嫉妬が生まれるのは、自分の好きな相手が、他の異性に自分にない魅力を感じるときです。または、自分では価値を感じないものに相手が憧れるときにも嫉妬が生まれます。

つまり嫉妬の始まりは、外部からくるものなのです。

恋の段階では、私と彼という二人だけの世界しか見えません。それを超えるものは何もないので嫉妬は現われにくいのです。

しかし、恋の段階で嫉妬が生まれるのなら、それはつまり相手に本当は惚れていないという意味になると思うのです。また、自分に自信がないという意味だったりもします。だって、自信があれば他の人と自分を比較する必要などないのだから。

束縛する人は、エゴが強いのだと思うのです。恋こそ二人で体験することなのに、束縛もしくは相手を所有したいという気持ちは、一人だけの一方的な感情だったりします。

嫉妬は、学校でも母と子の間にも生まれることがありますね。恋愛の場合だけではないのです。

どうして嫉妬をする人がいるのに、嫉妬しない人もいるのでしょうか？

愛していないから嫉妬しないのではなく、安心しているから嫉妬をしないのだと思います。つまり、嫉妬とは「安心のない愛」だといえるのではないでしょうか。

嫉妬をしない人は相手が嫌いだから嫉妬しないのではなく、ある程度自分に自信があるから嫉妬をしないのだと思います。

パーティーで彼が別の人とばかり踊っている。こういうときに嫉妬する気持ちは理解できますよね。私の場合、嫉妬というよりは、「この人、私をバカにしているのかしら？」と思うほうなのですが。

日常の小さな嫉妬は自然であり、「今夜はちょっと嫉妬しちゃったわよ」と彼氏にいえ

ば、彼だってどこかしら喜ぶものですよね。小さな嫉妬はチャーミングだったりします

が、強烈な束縛というのは愛の証でもなんでもないのです。

そんな束縛心の強い人は、相手に自分の問題をぶっつけるよりも自分の行動の根源にある自信のなさについて考える必要があると思うのです。

嫉妬するときは、ちょっと客観的になってみましょう。

情熱も素敵ですが、理性というのも忘れてはいけないと思うのです。

嫉妬されているから愛されているという固定観念はゴミ箱へポイッと捨てませんか？

ケロッと忘れる女、いつまでも忘れない男

男性と女性の記憶の構造って本当に違う、と思うことが多いのです。

彼氏に、

「今夜バゲットパンを買ってきてね」

と頼んでも手ぶらで帰ってくる。指摘すると、

「あ、ごめん、忘れてた」

とケロッという。本当に忘れているのですね。

ところが彼氏が、

「僕のジーパンのボタンとれたから、縫(ぬ)っておいてね」

といって、帰ってきてやっていないことを注意されると、

「あ、ごめん、忘れちゃった」

という私たち。

本当に忘れていたこともありますが、実はそうでないことってしばしばありませんか？

本当はその日はずっとそのことが頭の中の片隅に入っているんだけれども、かったるい、やる気になれない、結局やらない……という結末で終わる。もしくは最初からやりたくないからアウトプットしてしまうことはないですか？

そういう意味で、男性と女性では同じ「忘れた」でもニュアンスが違うのですね。

過去の恋愛の記憶も、男性と女性では違うから面白い。

こんなエピソードがあります。

親しい友人夫婦の家でディナーをして、夜遅くまでおしゃべりをしていたときのことです。ダンナさんは、

「僕が今までつきあってきた女はみんなビッチだ。僕はいつも振られてきた。一生忘れられない」

といきなりいい出したのです。

いったい、なぜこの人は今でもまだそんな昔の彼女たちにこだわっているのだろうか？　過去は過去なのだから、素敵な思い出はキープしても、いつまでも昔の彼女を恨んでいても意味がないじゃないと思ったのです。

そして、こっちは何も頼んでいないのに彼はむきになって、過去のガールフレンドと別れたきっかけを順番に話していったのです。そして、

「一生許さん！」

といいきるのです。ついでに、

「僕がエレナ（私の目の前にいる彼のワイフ）と別れることがあったら、その時から一生彼女を恨み続ける」

というのです。そこで私はたまらなくなって、

「そんな、彼の昔のガールフレンドのことや、あなたと別れたら一生恨む、なんて聞いて嫌にならないの？」

と彼女に聞いたら、

「だって、もうその話は前から彼が勝手に私にしているから全然気にしていない」

というのです。

私の昔のボーイフレンドも、こちらが聞いたわけでもないのに勝手に自分の昔のガールフレンドの話をして、しかも写真まで見せてくれたことがあります。彼の場合は、嫌な思い出ではなく、楽しい思い出をたくさん話すのです。

私は、個人的にそういう話を聞いて嫉妬するタイプではありません。別に楽しいとも思いませんが、「よかったね」と思う程度です。そして、彼から過去の恋人（しかも美女）の写真を見せられると、

「いい胸してるね、どうだった？　ブラジャー外す瞬間、最高だったんじゃない？」

なんて、私は男みたいなリアクションをしたりするのです。

しかし、男性はどうしていつまでも過去のガールフレンドのことを引きずるのでしょうか？

逆に、女性というのは嫌になって別れた男性を自分の脳みそからイレーズ（削除）できる。そうでしょう？

破局して別れた相手なんて、その人をなぜ好きになったのか、それすら思い出せないことってありませんか？　その人のお誕生日さえ覚えていないということが。

私の場合、その人のフルネームまで覚えていない、という事実もあります。

男性は、昔のガールフレンドのラブレターを捨てない人が多いですよね。ところが、女性は捨てる人が多いといいます。なぜだろう、と考えてみたのですが、こういう発想はどうでしょう？

いい別れ方であれ、悪い別れ方であれ、男性にとって昔の恋人の思い出や思い出の品というのは「勲章(くんしょう)」のようなものではないのでしょうか。

昔は狩りや戦争に行って、たくさん獲ったり勝ったりすれば、勲章をもらいました(もらうというよりは男社会の発想なので〝勲章を作った〟といったほうが正しいですね)。勲章は自分の男らしさを誇りに思う存在。だとしたら、前の恋人たちの写真も、一つ一つが勲章として存在しているのかもしれません。

女性はその逆に、ラブレターどころか写真まで捨てますよね。

これは正しい考え方なのかどうかはわからないのですが、女性が過去の男性を脳からイレーズするのは、いちいち気にしている暇(ひま)というか余裕がないからなのではないでしょうか。いや、つまり女性にとっては昔に戻ることよりも、今後待ち受けていることが大事だからではないのでしょうか。

それは子どもを作ること。本能的に、母になり子どもを育てるという大仕事があるので過去の男はアウトプットする。そして今の男、もしくは未来の男をインプットするのではないでしょうか。

昔、小さい頃に母の独身時代の写真を見せてもらったことがありました。今でも思い出すのですが、不思議なことに、いくつかの写真には母が写っているのに、母の隣にいる人はハサミでカットされていたのです。

でもその理由は、今になるとよくわかります。きっと、彼女の隣にいた人は当時の恋人だったのでしょう。

このように、男性は日常の小さなディテールはケロッと忘れても、過去の恋人は忘れません。

逆に女性は、日常の「宿題」を忘れたフリをしても、過去の男、特に嫌な別れ方をした男性を脳から徹底的に消す。こう考えてみると、日常の記憶をストックする場所と恋愛にまつわる記憶をストックする脳の中の場所は違うのかもしれない、と思わずにはいられませんよね。

しかし、ここで注意！

自分のほうは勝手に昔のガールフレンドの話をするくせに、男性というのは自分の彼女から昔のボーイフレンドの話を聞くのは大嫌い、いや、ひどい場合は耐えられないのです。

「私、あなたのこと愛しているから、私たちの間には秘密はないから、すべてをいうわ」

というのは、甘いうえに危険なのです。

そして男性が究極に嫌うのは、昔のボーイフレンドと自分を比較されること。私もそれは相手に対してとても失礼だと思います。

「そんなにそいつがいいんだったら、そいつのところに戻れよ」

といわれてもしかたがありません。

彼に自分の「過去の男」の話をするということは「そんなことをいうのは、つまり俺に納得していないということかい？」と誤解されて、彼のプライドを傷つけることになってしまいます。

ああ、複雑ですね。でも、男性と女性って本当に違う部分が多いから面白い。

ハッピーな結婚のためのアドバイス

結論からいいますと、迷っているのなら結婚はしないでください。

この本を書いている途中で、何度もコンピュータの前で、思わず一人で大笑いしていました。

なぜなら、私が五〇歳の人生体験の豊かな貴婦人だったら、このようにあっけらかんと自分の意見が書けるのでしょうが、私は自分の人生の半分くらいしか生きていない「子ども」なのです（それを思うと、二〇年後、三〇年後にこの本を読むのが楽しみです）から。

それでも、面白く、そして悲しい思い出もある「結婚」、そして「離婚」も経験した私自身のフィルターを通して、いくつか、そして少々厳しいアドバイスができたらと思っています。

さて、本題に戻りましょう。

迷っているということは、無理がある、という意味ですよね。

つまり、一〇〇%納得できないということ。

もちろん、人間は一〇〇%自分と合う人とはなかなか出会えません。相手の欠点を知ったうえで、「彼と一緒に暮らしていっても大丈夫」という思いで一緒になるものです。

しかし、結婚を前にして、相手に対してどうしても認められないものがあったり、対処、解決できないものがあるのなら、結婚はしないでください。

よく日本では、「恋愛と結婚は別」といいますが、私はそう思いません。

恋と結婚は別ですが、結婚は「恋+愛」だと思うのです。

つまり、結婚生活の中に愛はもちろん必要ですが、ときには恋のドキドキも戻ってこなくてはいけないと思うのです。

私は求婚されて、「この人と結婚するべきか」と迷っているときは、「今生きているこの人生は一度しかないぞ」といつも思い出すのです。

「自分の価値観を大切にしよう、自分を大切にしよう」と必ず思うのです。

これはエゴイズムだとは思いません。まず自分がハッピーでないと相手をハッピーにすることなどできないのです。

もちろん、迷っているときに、「まあ、いいか、結婚しても」と思わせられる要素はいくつかあります。

・その問題は今は解決できないけど〝時〟が解決するでしょう。
・私たち、愛し合っているのだから大丈夫。
・周りの人もみんなこの結婚を楽しみにしている。
・相手はいい人だし……。
・もうそろそろ結婚しないと、私、そんなに若くないし……。

と思って（いい聞かせて？）我慢をして結婚しちゃった人はきっと多いと思います。

しかし、この五つのポイントは私が思うに「逃げた考え方」であり、無責任なのです。

〝時〟が解決できない問題は多いもの。たとえばマザコンのダンナはいつまでもマザコンなのです。ゲームマニアはずっとゲームマニアなのです。それが時とともに変わると思うのは甘いです。

ときには、愛が負けてしまうような深刻な問題もあるでしょう。

愛し合っているから、問題はいずれ解決すると思うのも美しいですが現実的ではありません。

そして、周りの人なんて、どうでもよいのです、この場合。人のために結婚をするのではなく、結婚は自分と相手とのストーリーなのです。

親孝行で結婚する人は案外多いことでしょう。おばあちゃんを喜ばせたかった、両親を安心させたかった……。もちろん、結婚相手に惚れて結婚したのだけれども、愛というステップにたどりつく前に結婚して後悔している人はかなり多いのです。

相手はいい人だから……。

いい人はこの世にいっぱいいます。いい人という理由だけでは、あなたはピカピカ光ることができないのです。いい人だけでは静止画なのですね。もっとお互い刺激の持てる人のほうがいいと思います。

それから自分の年齢を気にして無理して結婚するなんて、バカげている。

無理して結婚をしてあなたは美しくなれると思いますか？

中途半端（はんぱ）な空間で生きて、自分を発揮することができると思いますか？

もし、悩んでいるのなら、2章で挙げた三つのキーポイントを思い出してください。

・相手を尊敬できるか
・相手と同じ価値観を持っているか
・ナイスなメイキン・ラヴ

繰り返しになりますが、大きな無理があるのなら結婚はお勧めしません（でも、小さな無理があるのは逆に当たり前ですよね）。

離婚経験のある三〇代、四〇代の日本人女性への、「結婚とは何だったと思うか？」という質問に対する答えの一番多いものは、「相手次第でよくもなり、悪くもなる」、「自分の自由にならないもの」、「毎日我慢」、「辛く悲しい日々」という統計があります（オーエムエムジー恋愛意識調査。Statistical Data on the Women's Lifestyle 2001／情報センターブックス）。

結婚は遊びではないのです。自分を大切にしましょう。

ただでさえ、毎日毎日、社会の中でいろんな我慢をしているのに、結婚生活が我慢のきっかけになるなんて、悲しすぎると思いませんか？

結婚後の「呼び名」を再考する

「お母さん」……日本では、夫が自分の妻のことをこんなふうに呼びますよね。これは昔から不思議でした。

「奥さん」……なんて面白い表現なんでしょう。家の奥にいるから奥さん？

「家内」……家の中にいるから？

みなさんは、将来結婚をしたらどんなふうに呼ばれたいですか？（私がもしもこの三通りの呼び方で呼ばれたら、返事などしないでしょう）

フランスでは、ワイフを「Ma femme（マ・ファーム）」と呼びます。「ファーム」とは「女性」という意味。英語でいう「My woman」。

そう、家にいるとか、奥にいるとかではなく、単独の女性としてのワイフ。このほうが魅力的だと思いませんか。

ワイフを「奥さん」「お母さん」と呼ぶ日本人。これは本当に社会や文化の象徴だと思うのです。もちろん、昔の日本社会の「奥さん」は家の柱であり、立派で素敵だと思います。

でも、今や時代は変わり、社会システムも変わり、子どもができても仕事を続ける女性も増えてきました。だからこそ、日本人男性はワイフをもっと〝女性〟としてケアする時代だと思うのです。

「奥さん」「お母さん」ってセクシーじゃないでしょう?

今の日本の一八歳の男の子は「ぼくはそうじゃない」と思うかもしれません。でもこれは文化と社会遺伝によって今はそうでなくても、大人になったらそういうシンドロームが起こるかもしれないのです。でも、そうはならないでくださいね。

そして「ワイフ」のあなた、あなたが「ファーム」だということを忘れないでくださいね。

女が男に期待すること

魅力的な男性のイメージは時代とともに変わってきています。

六〇年代はアラン・ドロンのセクシーさ、七〇年代はちょっとコンプレックスのあるウッディ・アレン、八〇年代は落ち着きのあるリチャード・ギア、九〇年代はチャーミングなブラッド・ピット……。ん？

二〇〇〇年代の〝いい男〟は誰になるのでしょうか？

個人的な趣味をいってしまえば、かつてのオーソン・ウエルズ（アメリカの俳優・映画監督）の個性の強さとジョニー・デップの純粋なイメージを足して二で割ったような存在かしら。私はあまり俳優や歌手に憧れるタイプではないのですが。

いつの時代もマッチョは嫌でも男っぽい男性や、夢見る夢男では困ってしまうけれど、ファンタジーのある男性も素敵だと思いませんか？

別の言葉を使ってしまえば、地にしっかり足がついていて、時々空中浮遊ができる人

（これは女性にもいえること）が魅力的だと思うのです。

ここで、基本的に女性が男性に期待するポイントをいくつか考えてみました。

この本を読んでくださっている男性のあなた、参考にしてみてはいかがですか？　ふふふ。

◎「もっともっと私に恋して」

別に、毎日「愛してる」といってほしいというのではありません。

フランス人のほうが日本人よりも頻繁にその言葉をささやいてくれるのですが、これは文化的な違いなのだと思います。フランスの男性は、女性を魅惑する、そのことに魅力を感じるのですから。

カップルの関係が落ち着けば落ち着くほど、男性は「僕は君を愛しているんだから、それを行動や言葉で証明する必要がない」と思う人が多いと思うのです。でも、女性はメイキン・ラヴ以外の手段で愛情を受けとめたいものなのです。

料理を作っているときに後ろから首に小さなキッスをするのは難しくないでしょう？

一緒に歩いているときになにげなく彼女の手をとって、その手に優しいキッスをするのも拷問ではないでしょう?

ちょっと前に、恋人と同じ部屋で仕事をしていたときに、彼から、

「君へのメールが届いているよ、見たら?」

といわれ、そのメールのジョイントファイルを開けたのです。

そこには彼の似顔絵があって、「君は俺の人生の女だ」と書いてあるのです。それぞれ自分のコンピュータに向かってお互いの仕事をしているそんなときに、こんな愛のメッセージを贈られるなんて、最高に気持ちよいものです。

恋や愛を「暗黙の了解」で片づけないで、もう少し表現してほしいのです、私たち。

◎「もっと近くにいて」

恋や愛の暗黙の了解があるからといって、仕事やホビーに一生懸命になりすぎて恋愛の相手をおいてきぼりにするのはいけませんよね。

ここでも、いつもどっぷりと一緒にいて、と願っているのではありません。

お互いの距離も大切なのです。

でも、「女」としての私と二人だけの時間を作っていただきたいのです。これは量の問題ではなく、質の問題です。はい。

男性は責任感や決断力、行動力があります。

一人でやることはやるけど、時にはその能力をこちらに振り向けて、一緒に行動してくれたほうがうれしかったりするのです。

妊娠して初めてエコーグラフィーを撮る日、出産の日といった、カップルにとって女性にとって大事な日や、もちろん普通の日にもたまには一緒に過ごしてほしいものです。

◎「私の話をもっと聞いて」

女性のほうが男性よりもおしゃべりですよね。

そんなおしゃべりにうんざりして、聞いているふりをしてうなずくだけの男性は多いのではないでしょうか。

男性はわがままをいったり、お願いをすることが女性よりも遥かに少ない代わりに、聞き上手ではないのです。

でも、もう少し女性の話に集中してもらえたらうれしいのです。もっと敏感になってほしいのです。

女性の話だけではなく、私たちが発する暗号に。

つまり、言葉で表現していなくても、空気で伝えている〝言葉〟をもっとキャッチして、それに対するリアクションが欲しいのです。

男が女に期待すること

女性は不満があるとそれを簡単に口にするのですが、男性のほうは女性ほどそれを表わしません。だから、彼らの求めていることはキャッチしづらいのです。

でも男性も、女性に求めていることはあるのですね。

きっとたくさんあると思うのですが、私の感じ取れる範囲でまとめてみました。

◎「もっと認めて、安心させて」

昔、命をかける正義の味方、そして強い男性の象徴はターザンやスーパーマンだったのに、今や彼らはアニメーションやバーチャルの主人公に主役の座を奪(うば)われています。

逆にフランスではコンピュータ・ゲームのヒロインが「ヒーロー」になりました。

男の立場はどこへ行ってしまったのでしょうか？

だから今こそ男性は、もっと男としてのパワーを認めてほしいのではないのでしょうか。彼らの男ならではのかっこよさをもっと認めて、それを示してあげましょう。

◎「ミューズになって」

「ミューズ」とは、男性にインスピレーションを与える女性のこと。歌手のジェーン・バーキンは作曲家であり、歌手だったセルジュ・ゲンズブールのミューズでした。

男性は女性の知識や新しい発見などをもっと聞かせてほしいのではないでしょうか。もっと想像力をふくらませてくれる存在を、男性は求めているのではないでしょうか。

この発想は、フランス的です。というのは、残念なことにフランスと違って日本では結婚をしてしまうと、男性の多くは自分のワイフとはあまり遊びたいと思わないようです。日本の場合、愛人にミューズ的存在を求める男性がいても、自分のベターハーフにそれを求める男性は少ないのではないでしょうか。悲しいですね。

◎「女性らしさを失わないで」

恋愛がマンネリ化してくると、いろいろな面でルーズになってしまいます。男女の平等化とともに、お洒落へのこだわりも少し減ってきたのではないでしょうか。また、日本でもフランスでも男性言葉でしゃべる女性が増えてきました。

女性が自分のイデオロギーを主張したり、独立を求めるのは結構なのですが、女性としてのフェミニンな部分を消してほしくないものです。

ここでいうフェミニンな部分というのは女性独特のしとやかさ、フランス語でいう「grâce（グラース）」です。

これは、仕草だったりするので、具体的な例をあげて言葉でいい表わすのは難しいのですが、女性ならではの気品を失わないという点を意識することは大切だと思います。女性ならではの丸みを失うのは残念だと思うのです。

◎「女としての意識を持って」

夕食の買い物も準備も、赤ちゃんのおしめ替えも、男女均等に役割をシェアし合うシステムは認めるけれど、時にはぶーぶー文句をいわないで「伝統的な女の仕事」をやってほしいのではないでしょうか。

ズボンの、とれてしまったボタンをつけ替えるとか、ケーキを作ってくれるとか。

男性は案外シンプルだけれど、今どきの女性がやらなくなってしまったことにちょっぴり感動したりするのではないでしょうか。

5

恋の終わりから
新しい恋に向けての「手づくり恋愛生活」

Faut rigoler, faut rigoler…

恋の終わりから立ち直る4つのステップ

「振るのと振られるのは、どっちが辛い？」

というくだらない質問をされたことはないですか？

好きだった人に振られるのも、振るのも辛いこと。そして、一つのラヴ・ストーリーが終わっても、その悲しみを引きずってしまう。

どんな別れ方であろうと、「ああ、なんて私は可哀想なの！」「ああ、この最低な男が許せない」なんてバカなことをいつまでも引きずらないでくださいね。

引きずるのはそれなりの理由があるのでしょうが、そればかりにこだわっていても意味がないのです。

はっきりいって時間の損です。しかもこれでは何も始まりません。

彼のことは「今は」できるだけ早く忘れたほうがいいのです。

1　環境を変えてみる

もし、その人と同じ屋根の下に住んでいる場合は、一刻も早く引っ越しをすることは健全なことです。

過去の物質的なもの、雰囲気、匂いに引き込まれて辛い気持ちを強める必要はありません。今は、彼と彼を象徴する空間、シンボルから遠ざかるのが一番です。

その人を拒否したり、嫌う、という意味ではありません。

お互い、悲しい結果でラヴ・ストーリーが終わっても、だからといって、その人を一生、心から消すことはないのです。その人と、未来に、もしかしたら違う形でよいつきあいをすることはあり得ますよね。しかし、それは〝時〟が教えてくれるもの。

とってもネガティヴな結末の場合は、その人とはもう一生会いたくないでしょう。それは「別れ方」そして「別れの理由」にもよります。

でも、これがポジティヴな別れであろうと、そうでなかろうと、今の状態ではとにかく彼から離れていくのが一番です。

泣きたいのなら涙がなくなるまで、身体の水分を全部出し切るほど、思い切って泣きましょう。

私は悲しいことが起きると、泣き疲れるまで徹底的に泣くのです。そうすると、おかしなことなのですが、その反動で、泣いた後には笑いが止まらなくなったりするのです。どうしてなのでしょうか。

あるとき、大好きだけれど、もう恋愛の対象ではなくなってしまった彼と別れ話をし、お互いに了解したときのことです。

そのとき、真っ先に必要だったのは「物理的に」彼と別れることだったのです。

彼とは同棲していたのですが、とにかく新しいアパルトマンを見つけて、ピリオドを打つ必要があったのです。同じ屋根の下で暮らしていては、お互いに辛いだけです。

前もって予定していなかった引っ越し代は、バカになりませんでした。ですが、この際、お金なんて問題ではなかったのです。

それよりも、この引っ越しによって肩から荷が降りた、というすっきりした感覚がそのときの私にとっては本当に大事なことだったのです。

ここで大切なのは、「何かが終わった」と考えるよりも「これから何かが始まる」という前向きな姿勢を持つことです。

2 心も家も大掃除する

彼とは別々に住んでいた人も理屈は同じです。

まず、自分の環境を変えてみるのはよいアイディアです。

家の内装を変えたり、そして重要なことは、大きな「整理」をすること。いらないものを思い切って捨ててしまう。そう、心も家も大掃除(そうじ)してみるのです。

書くのは簡単ですけど、実際はそうはいきませんよね。少なくとも最初は。

順番をもう一度整理してみます。

まず、泣くだけ泣く。

彼と離れる。

環境を変える。

物を捨てる。

そして肝心(かんじん)なことは、思いっ切り落ち込んでもいいのだということです。

だったら、いつになったら私は立ち直ることができるのでしょう？　ですって？

大丈夫！　なぜなら、落ち込んで電話にも出ないで、美味しくないジャンクフードばかり食べて、外に出かけないで家に閉じこもっていたら、そのうちに、その状態に耐えられなくなってしまうのです。

そうしたら思い出してください。

「何かが終わった」のは「これから何かが始まる」ためだと。

でも、「これから何かが始まる」その前に自分を大事にしてみませんか？

すぐにロミオが現われると思うのもいいでしょう。でもその前に、これだけ悲しんでボロボロになった今、一時的な「独身体験」を思い切って利用してみるのも捨てたものではありません。

3 心地よい経験をする

今まで行ったことのなかった、もしくは行く余裕のなかったエステサロンに行って身体を癒(いや)したり、友達に甘えてみたり（本当の友達だったら甘やかしてもらえます）、今まで読む時間のなかった本を読んだり、とにかく、心地よい経験をするのが一番です。

新しい環境に足を踏み入れて、新しい人と〝つきあう〟まではいかなくても、新しい「顔」を見るのも、この時期にはよいことです。

そうしたら、自然と、久々にお化粧をしたり、ワードローブからチャーミングな洋服を取り出して着るようになります。

そして、心も身体も綺麗ですっきりしたところで、これから始まる新しいストーリーに向かうのです。

4　元彼との失敗を「いい意味」で利用する

そして元気になったところで、少し客観的になって、（昔の）彼をいい意味で利用してみませんか。

ん？　と思うでしょう？

人生には厳しい、激しい山がたくさんありますね。私も小説にしたいくらいの辛い思いを体験しました。あなたもそうでしょう。しかし、その辛い体験の一部は今や素晴らしい思い出なのです。

そして当たり前のことですが、辛い経験の裏には、その経験自体の持つ「財産」があるのです。

人生について、自分についていろいろ考えさせられ、そこからより大きく、より強く、より柔らかく、より豊かになるものです。

仕事に人生の時間のすべてを注いでいたフランス人の彼と別れたことがあります。私は私で忙しさを積み重ねていくうちに、だんだんと彼への気持ちが薄れていったことがあります。そんな原因で彼とは別れることになったのですが、しばらく経った後、もう一度それを意識し直して、二度と同じ間違いは繰り返さないぞと自分の中で誓ったのです。

一つの恋が終わった後、落ち着いて、元気になったら「別れの理由」を考えてみるのは大事なことです。表面的な部分ではなく根本的な根っこを掘ってみるのです。

相手のどこが悪かったのか、というのはさておき、自分のどの部分が悪かったのかを考えるのです。

私はある人と別れて、ゆっくり考えたら自分の恐ろしいほどのエゴイズムに気がついたことがあります。小さなディテールでもいい。とにかく、相手に対する自分の態度を分析してみてください。

そして、少しだけでもそれを意識しながら新しいストーリーを目指していくのはいかがでしょう？

恋愛がもたらしてくれる「最も魅力的な贈り物」

「人からもらえる最も魅力的な贈り物、それはその人からの愛以上に、その人によって君が自分を愛せるようになることだ」

と、喧嘩をしていたときにフランス人のボーイフレンドからいわれたことがあります。もう、ため息が出るほどに正しい言葉だと思いませんか？

自分を愛することについては、多くの哲学者や心理学者がこれまでにいろいろな原理を語ってきましたね。

フロイトさんは、さまざまな面白い見解を残していますが、ときにはとんでもないミスも犯したものです。彼にとって、自分が自分を愛することは、それはつまりナルシシズムの状態と混同し、性欲が相手ではなく自分を対象にする状態だと書いたのです。ううん……。

では、自分を愛することはエゴイズムなのか？

ノン。

エゴイストというのは、すべて自分中心であり、自分のことしか考えないで自分しか意識しない人。それは満足ではなく、逆に自信のなさの象徴だと思います。

前作の『フランス人の贅沢な節約生活』（祥伝社　黄金文庫）という本でも書いたことなのですが、自分を愛することのできない人は、人を愛することもできないのです。

では、自分を愛せない人はどういう人なのでしょうか。私は次のように思います。

・自分の身体、外見に自信がない人
・自分の精神、インテリジェンスに自信がない人
・自分を充分に知らない人
・自分の価値観を信じていない人

*「自分の身体、外見」に自信を持つために

自分を愛する、それはまず自分の身体と自分の精神を認めることなのです。

多くの人は、自分の顔が気に入らなかったり、スタイルに自信がなかったりしますよ

ね。しかし、他人から「美しい」と見える人でさえ自分の身体を愛していない場合もあるのです。

ちょっと余談になりますが、あるボーイフレンドに、あるときこういわれたのです。

「僕は今まで究極の美人としかつきあったことがないけど、君が初の例外だ」

確かに、彼の昔のガールフレンドの写真を見せてもらうと、みんなかなりの美人でした。ちなみに、彼からそういわれたときには私は全然傷つきませんでした。そう、私が傷つかないと知っていたから彼はそういったのです。逆にこの言葉はいい意味の褒め言葉だったと思いますし、そのように受けとめました。

でも、そのときにそう思えたのは、私自身、自分の身体についてはコンプレックスがなくなっていたからなのです。

自分の身体を愛せない原因の一つに、親から受けた教育も影響していると思うのです。わが娘を「ブス」と呼んだり、「バカ」といったり、子どもに自分の身体や能力に自信を持たせない親に育てられれば、自分の身体を愛しにくくなりますよね。

自分の身体を愛することはとても大事です。身体はあなたの一部なのだから大切にしなきゃ。ケアしなきゃ。

ではどうすればいいのでしょう。

私のコンプレックスはどうやって消えたのでしょう？

とにかく、自分の身体を認めてあげるのです。

ダイエットでどうにかなるのであれば、少しは努力をしてみましょう。でもこの問題はダイエットだけで解決することではありませんね。毎日お世話になっているボディーを認めて、今のままのあなたを認知して、理解し「消化」するのです。

いつまでもコンプレックスを引きずっていても何も始まりません。

このボディーは私のボディーなんだ。ご褒美を与えよう。という気持ちになりましょう。気に入らない部分を隠してばかりいないで、「これが私なのだ」「私はこの世に一人しかいないんだ」と元気になりましょう。

自分にとって、うれしい、心地いい洋服を思い切って着ましょう。気持ちよく自分の身体を認める人は、それは輝いて見えるものなのです。アメリカの女優のメリル・ストリープはけっして天下一品の美女ではありません。しかし、彼女は自分を知っていて、自分の身体を理解しているからこそとても美人なのですね。

いつまでもコンプレックスを引きずっている人は、そのオーラもネガティヴなのです。

誰だってそんな人には近づきたくないものです。でも自分のボディーと気持ちよくつきあっている人は美人になるのです。

フランスの女性はそれをよく知っています。

*「自分の精神、インテリジェンス」に自信を持つために

精神的に人間的に自分を愛せない人も多いのです。

でもそういう人は、本当の自分を知らないから自分が愛せないのだと思います。

哲学者であるソクラテスは「自分を知れ」と書き残していますが、まさにそのとおり。自分の弱点ばかりを意識しないで、自分の長所も知る必要があるのです。

自分を愛せない人は、相手の愛ばかりを求めてしまう。自分が自分を愛せない分、その欲求を相手に依存して満たそうとしてしまう。それが相手にとっては、重くなってしまうのですね。

また、自分を愛せないから無理をして「いい人ぶる」「カッコつける」人もいます。

自己満足だけの押しつけで親切な態度をとったり、自分には本当は似合わなかったとしても、みんなが着ているから流行っているからという理由でブランドものの服に身を包ん

だりするのですね、自信がないから。しかし、自分を愛することができないまま偽装していても、最終的に相手は遠ざかる一方だと思いませんか？

＊「自分自身」を知るために

自分の短所も長所もよく知ることは重要です。

自分が何に向かって生きていきたいのかを知るのは大切です。そして欠点は隠したり無視をしたりしないで、自分の短所は思い切り認めましょうよ。そして治してみませんか？

人間って謎が多いのです。

相手のことを理解するのに時間がかかるように、自分を知るにも時間がかかるのです。私はしょっちゅう自分の新たなパーソナリティーを発見しています。自分のキャラクターは案外知っているつもりでいても、実は知らない点がいろいろあるのです。

たとえば、友人に自分の欠点をあえて一つ挙げてもらうと結構驚くものなのです。私の場合、

「君にアポイントを入れても、結局日時をしょっちゅう変えるじゃない。自分勝手だよね」

といわれます。その日に遅れて相手に迷惑をかけるよりも、日時を変えたほうがいいと思っているのに、逆に、そのほうが相手に対しては迷惑だったりするという見方をしていなかったのです。自分のエゴセントリズムに気づいていなかったのです。

そういう意味で、自己評価と、他人からの評価は違うことがあります。

自分をもっと知るために、こういうゲームをしてみませんか？

仲のよい友人三人に、

「私の欠点と長所を一〇項目ずつ挙げて」

といってみてください。そして、最初に自分でリストアップした項目と比べてみてください。その中には、必ず自分の気づいていない部分が出てきます。

一刻も早く、自分は捨てたものではないと気づいてください。

そして、長所は伸ばしてみましょう。そうすると自然と強くなれると思うのです。一言でいえば、自分に素直になることができるのです。

「どうせ私はバカだから」

と口にする人も多いですよね。

でも、日本ではそれは通用しても、フランスではそんなことを口にしないでくださ いね。本当のバカだと思われてしまいます。

日本の「私はバカだから」という言葉の中には、「自分は凡人で頭が特別によくはないから」というニュアンスがあります。大衆の中の一人にすぎない、というか自分も平均的人間だというニュアンスがあります。これはとても日本的な発想で、日本ではショッキングな言葉ではありませんが、フランスでは違います。彼らは自分を平均的だと思おうとしないのです。

つまり、フランスでは、「僕は僕」「私は私」として個人を重視し、「周りの人とは違うんだ」という、意識があるのです。フランスでは「私はバカだから」などという自分を卑下した言葉は、よっぽどプライドがないか、よっぽどバカでない限り使わないのです。

＊「自分の価値観」を信じるために

そして、もう一つ大切なのは、自分の価値観を信じること。

恋をしていると、相手と一生一緒にいたい、この人と一生過ごしていきたいと思うものですよね。

つきあっていくうちに、「この人だ！」と思った人から、

「俺は君のことは好きだけど結婚には興味ない」

といわれたとしても、ここで諦めてはいけないのです。

私が今まで好きになった男性の半分は、

「俺は一生結婚する気はない」

そういっていました。でも最終的には、ほとんどの彼から求婚されたのです。そう。その人を評価している、そのうちこの人も私を評価するだろう、と信じることは大事です。だから、相手のその最初の言葉で諦めてはいけないのです。

自分の価値観を信じましょう。

逆に、「そんなに好きではないけど、優しい人だからつきあおうかな」なんて思ってはいけないと思うのです。

もっとプライドを持って。弱気になるのは、あなたが自分を愛していない証拠です。

日本でもフランスでも、男の人って女性を手に入れたいときは頑張るものです。でも「好きだといってくれる」「プレゼントを買ってくれる」からといってつきあうのは意味がありません。だいたい、その「くれた」を理由につきあうということが問題なのですね。

自分自身が評価できない人とつきあっても時間の損です。人にサービスするために人とつきあうのではないのですから。しかも、最終的には相手も傷つけることになってしまうのです。

「この人じゃなきゃイヤだ」というくらい信じていける人を選ぶことは簡単ですよね。でも、とにかく「まあ、いっかあ」の気分で人とつきあうのは、つまりあなた自身、自分を粗末にしていることになるのです。

プライドを持って、自分の価値観を信じて恋人を選んでいただきたいものです。ときには間違ってもいいのです。愛は常に勉強なのですから。そこから得るものは次の恋をもっと素敵にしてくれるのだから。愛は積み重ねなのです。

とても面白い統計があります。

周囲からどのような女性だと見られたいか、という質問に対し、日本人の一番多い答えは順番に、

1「知的な人」・2「健康な人」・3「洗練された人」・4「幸せな人」・5「自然な人」・6「若い人」

それに対し、世界の女性の答えは、

1「自信のある人」・2「自然な人」・3「幸せな人」・4「健康な人」・5「知的な人」・

6 「女性的な人」

というものです（エイボン世界の女性の意識調査。Statistical Data on the Women's Lifestyle 2001／情報センターブックス）。

世界の女性は、自信や女性的な面を気にするのに、日本の女性は知的さと若さを気にする、というギャップが興味深いですね。

自分を愛することのできる人は、人を愛することができるのです。

自分を信じ、相手を尊重する。彼から学び、彼を大きくしていく。

素敵なラヴ・ストーリーの始まりですね。

「かわいいだけ」の女から卒業する

東京から帰ってきたばかりのフランス人の友人は、私に会うたびに、

「カワイイ!」

という言葉を、連発します。東京の街で、買い物をしていて日本の女の子たちが声を上げて「かわいい!」と叫ぶ表情が強く思い出として残っているというのです。

フランスでは、子どもっぽいものや幼稚なものを「かわいい」というのですが、日本では気に入ったもの、洋服から家具から男性まで、なんでも「かわいい」というようです。

日本とフランスでは「かわいい」の価値が違うのだなあ、とよく思うことがあります。

それは女性のアティテュード(態度)にもいえることではないでしょうか。

フランスのティンエージャーは、早く社会的にも大人になりたいのに、日本の女性はいつまで経ってもかわいい存在でありたい。大げさにいってしまえば、かわいいという美意識が最高の価値だと思っている人が多いのではないでしょうか。

なぜでしょう？

考えてみると、フランスには日本でいう「オバタリアン」という言葉はないのです。なぜなら、フランスの女性の多くは仕事を持ち、結婚をしても仕事と子どもの教育を両方続けています。専業主婦という観念はいまどきありません。

日本の専業主婦の話をフランスの女友達に話すと、

「どうして自分の仕事を犠牲にできるの？　それでは家政婦と同じじゃない」

と驚くばかり。日本の場合、退職して育児に専念する女性は枯れた花になってしまう。というよりも、本人たちもそう思ってしまっているのが悲しい。そんなことはないのに結婚して母になると「終わっちゃった存在」だと社会が思わせてしまっているのではないでしょうか。

若さという外見の美が、最高の付加価値だと勘違いしている女性が（男性も）日本には多いような気がします。

小学生のような格好をするティンエージャーや、バービー人形のような格好をする高校生、大学生。そしていつまで経ってもかわいい格好をする女性。

外見ばかりではなく、体験を重ねていくうちに「いい女」になっていく私たち。それを拒否するのではなく、大いにエンジョイしなきゃ。

三〇歳過ぎても充分かわいいのだから、「女」というフェミニンな部分と、私たちに残っている「かわいい」を両立させて生きていったほうが魅力的だと思うのです。

「かわいい」が最高の魅力だという観念を持つ日本女性とは逆に、二〇代、三〇代のフランスの女性にとって「知性」が最高の価値だったりします。日本とは逆にルックスをかわいく決めないのです。

たとえば、歌手のジェーン・バーキンの娘、シャルロット・ゲンズブールは女優なのですが、おそらく三〇歳近い彼女は一切かわいい格好をしません。母親と同じように白いシャツにブルージーンズのようなシンプルな服に身を包むのですが、とっても魅力的なのです。けっして美女ではないのですよ。でも、彼女のしぐさや個性が知的と同時にキュートなのです。

しかし、東京によく行くフランス人の男性はパリに戻ってくると、フランスの若い女性のあまりにも「かわいい要素ゼロ」を見ると、気持ちがグレーになってしまう人もいます。いったいどうしてフランスの若い女性はもっとかわいい格好をしないのだろうか、と思うのですね。その気持ちもわからないでもありません。

あまりにもフランスのギャルズがかわいい格好をしないものだから、東京に行くフランス人の男性は日本のキュートなおねえちゃんたちを見てドキドキしてしまうのですね。かわいいトップスにチャーミングなスカート、キュートなパンプス姿の日本の若い女の子は普通の格好をしているフランスの女の子より外見はセクシーですから。

でも、年齢的には大人なのに、いつまで経っても「かわいい女」ごっこをしている日本女性は、大人社会から逃避しているようにも見えるのです。

ここで、申し上げますが、私はかわいい格好をするのがいけないとか、かわいいルックスの女の子がみんなおバカさんだといいたいのではありません。ただ、極端にかわいい女性に固執する生き方と、知性だけにこだわる生き方、この両方をバランスよくこなしていくのが一番素敵だと思うのです。

女には年齢ごとに面白い武器があるのだから、それを大いにエンジョイしましょうよ。

日本人の女友達がパリに来て、一緒にカフェでおしゃべりをしていると、

「パリっていいね。大人のカフェがあるから。日本は洒落たカフェができると子どもの溜まり場になってしまう」

というのです。そこで若いピチピチギャルの隣に座る彼女は、「私はもう、おばさんね」

などと誤解をしてしまうのです。

これこそ、「かわいい若さ」が最高の価値観、商品価値になってしまった日本の社会現象ではないのでしょうか（マーケティングは社会の価値観をベースに構成されるものなのだから、みなさんが大人になればマーケティングも大人をもっと意識してくれるでしょう。今はすべての企業が「若い女性」をターゲットにしています。それは彼女たちが異常に目立っているからかもしれません）。

大人のカフェを日本で見つける前に、頭の中で大人になってみてはいかが？

さっきも書いたとおり、大人とは、子どものかわいさを捨てるということではないのですよ。両方を両立して大人を楽しむ、ということです。

そうしていくうちに大人の場所ができていくのではないでしょうか。

‖「恋愛には年齢は関係ない」というフランスのことわざ

「Il n'y a pas d'âge pour aimer（恋愛には年齢は関係ない）」

これはフランス人なら誰でも知っていることわざです。

二〇〇〇年に、フランスのある女性誌が女性をターゲットに大々的なアンケートを行なったことがあります。

「女性にとって理想の歳(とし)とは何歳か？」

という質問に対し、三五歳という回答が一番多かったというのです。

ふと、日本人なら二〇歳、と答える人が多いのではないだろうか？　と考えてしまいました。「女房と畳は新しいほどよい」ということわざが日本にありますね。ところがどっこい、「女房と味噌は古いほどよい」というまったく正反対のことわざもあるではないですか。

どんな年齢になっても、それなりの愛の魅力というのがあると思います。

一〇代、二〇代前半の未知なる世界への飛び込み方。知らないことが多いから悩んだり、愛の奥深い面白さが見えてきたり……。素敵な体験をすると異常に感動したり……。しかし、フランス女性が三五歳を最も魅力的な年齢と考えるのは、愛が「味わえる」時期だからだと思うのです。

三〇歳のお誕生日を迎える女性の多くは、悩みを抱くと思います。

現にフランスには、「クリーズ・ドゥ・ラ・トランテンヌ（Crise de la trentaine/三〇代のクライシス）」という言葉があるように、「落ち込みタイム」があります。

過去の三〇年を振り返り、今後の自分の身体、仕事、恋などを考えてしまうのです。「ああ、これから皺（しわ）ができるんだ」、「おなかの部分ケアしないと太りやすくなる」、「私はこの人と一緒にいて本当に幸せなのだろうか」、「この仕事が本当に気に入っているのだろうか」と落ち込み、悩む時期。

私もそうでした。「同年の女友達はみんな子どもがいるのに、私にはいない」と思ったり、「鏡に顔を映（うつ）すと急に皺だけしか見えなかったり」と悩んだ時期が……。「もう、ダメだ」とばかり思っていた時期。

でも、そのときに決めたのです。

歳をとることで向き合うことになる、ポジティヴな部分しか考えないことにしたのです。

仕事に出てきた余裕、会話をするときの説得力、優しさなどが身についたと気づき、「過去へはもう戻れない。だったらとことんいい女になろう」と前向きになれたのです。

そう、悩みが消えていくと、逆に三〇代が本当に魅力的な年齢だと心から思えるのです。

今までの体験で、気持ちも個性も性格もはっきりしてきた分、大きくなってきた。意志もはっきりしてきた。だから捨てるものはすぐに捨てられるようになり、逆に愛するものにはもっと大きな愛を贈ることができる。これが余裕の始まりなのでしょうか。

素敵な瞬間を本当に楽しめる時期なのですね。

愛するボーイフレンドかダンナのいる人は、その愛をどう面白く続けていくかという課題、チャレンジがあります。ところが、恋人のいない人はちょっと焦り出す人もいるでしょう。これは世界各国同じですよね。

男性は自分よりも若いキャピキャピギャルを好むのではないかと心配する三〇代の女性は少なくないはずです。しかし、自分に自信があれば、問題は問題でなくなるのです。

なぜなら、三〇代の女性の魅力は半端(はんぱ)でないから。見る目のある男性ならそれを知っています。

四〇代、五〇代、六〇代の愛も素敵です。

映画『ブルー・ヴェルヴェット』のヒロインを演じるイザベラ・ロッセリーニは、当時、四〇代だったのですが、彼女のボディーは女性から見てもセクシーでたまりませんでした。

「女性が〝成熟した大人の女性としての美しさ〟を感じさせるのは何歳くらいの頃だと思いますか？」

という質問を四五歳から六九歳の日本人女性に聞いてみると、一番多い答えが四〇代前半だという調査があります。そして、

「これからも美しくなりたいと思いますか？」

という質問に対し、八二％が「諦(あきら)めることなく美しくなりたい」と答えています（資生堂、ワコール女性意識調査。Statistical Data on the Women's Lifestyle 2001／情報センターブックス）。

私自身は、今三〇代ですから、四〇代、そしてそれ以降の恋愛はまだ体験していないの

で何ともいえませんが、こんなエピソードがあります。

夏に南仏の実家に戻ると、話題は街から離れた山あいに住んでいるアルベールとマリーの話になります。

二人は六〇歳を過ぎていて、しかもマリーにはダンナがいるのですが、アルベールと恋に落ち、夜、ダンナが寝た後に、彼女はアルベールとデートをするのです。可愛いストーリーだと思いませんか？

恋愛はいくつになっても続けていきたいものですね。

本書は二〇〇一年六月、小社より『フランス人の贅沢な恋愛生活』として四六版で発行された作品を改題及び加筆訂正し、文庫化したものです。

一〇〇字書評

切り取り線

フランス人の手づくり恋愛生活

購買動機（新聞、雑誌名を記入するか、あるいは○をつけてください）

- □（　　　　　　　　　　　　）の広告を見て
- □（　　　　　　　　　　　　）の書評を見て
- □ 知人のすすめで
- □ タイトルに惹かれて
- □ カバーがよかったから
- □ 内容が面白そうだから
- □ 好きな作家だから
- □ 好きな分野の本だから

●最近、最も感銘を受けた作品名をお書きください

●あなたのお好きな作家名をお書きください

●その他、ご要望がありましたらお書きください

住所	〒				
氏名		職業		年齢	
Eメール		新刊情報等のメール配信を 希望する・しない			

あなたにお願い

この本をお読みになって、どんな感想をお持ちでしょうか。

この「一〇〇字書評」を私までいただけたらありがたく存じます。今後の企画の参考にさせていただきます。

あなたの「一〇〇字書評」は新聞・雑誌などを通じて紹介させていただくことがあります。そして、その場合はお礼として、特製図書カードを差し上げます。

前頁の原稿用紙に書評をお書きのうえ、このページを切りとり、左記へお送りください。住所は不要です。Eメールでもお受けいたします。

〒一〇一・八七〇一
祥伝社黄金文庫　書評係
ohgon@shodensha.co.jp

祥伝社黄金文庫

祥伝社黄金文庫　創刊のことば

「小さくとも輝く知性」——祥伝社黄金文庫はいつの時代にあっても、きらりと光る個性を主張していきます。

真に人間的な価値とは何か、を求めるノン・ブックシリーズの子どもとしてスタートした祥伝社文庫ノンフィクションは、創刊15年を機に、祥伝社黄金文庫として新たな出発をいたします。「豊かで深い知恵と勇気」「大いなる人生の楽しみ」を追求するのが新シリーズの目的です。小さい身なりでも堂々と前進していきます。

黄金文庫をご愛読いただき、ご意見ご希望を編集部までお寄せくださいますよう、お願いいたします。

平成12年(2000年) 2月1日　　祥伝社黄金文庫　編集部

フランス人の手づくり恋愛生活

平成15年 2 月20日　初版第 1 刷発行

著者　佐藤絵子
発行者　渡辺起知夫
発行所　祥伝社
東京都千代田区神田神保町3-6-5
九段尚学ビル　〒101-8701
☎ 03（3265）2081（販売部）
☎ 03（3265）1084（編集部）
☎ 03（3265）3622（業務部）
印刷所　萩原印刷
製本所　ナショナル製本

ISBN4-396-31318-7　C0177

祥伝社のホームページ・http://www.shodensha.co.jp/